Alexander Pope

Il Riccio rapito

introduzione, traduzione e note di VIOLA PAPETTI

testo inglese a fronte

Biblioteca Universale Rizzoli

MILANO 1984

ISBN 88-17-12495-8

Titolo originale dell'opera:
THE RAPE OF THE LOCK
AN HEROI-COMICAL POEM IN FIVE CANTO'S

prima edizione: settembre 1984

A Clementina e Violante

INTRODUZIONE

1. VITA DI POPE

«Penso allo stesso modo alle opere del giovane Pope e alle azioni del giovane Bonaparte o del giovane Nelson» scrisse Thackeray.[1] E lasciava intendere: «... con ammirazione, per una identica qualità eroica». Pope nasce a Londra, in Lombard Street, il 21 maggio 1688, figlio unico e precoce di genitori anziani. La famiglia, di fede cattolica, è costretta a lasciare la capitale per le restrizioni dei diritti civili che colpirono i cattolici dopo i grandi mutamenti politico-religiosi del 1689. La rapida affermazione letteraria e mondana del giovane Pope, deista ma emotivamente legato al mondo dell'infanzia, privo di mecenati politici, appare sorprendente. Non può frequentare né la scuola pubblica, né l'università. Pope bambino ha solo preti cattolici come insegnanti, finché un giorno, impaziente, non decide di avventurarsi nella biblioteca paterna. «Lo feci col solo scopo di divertirmi e imparai le lingue cercando di capire le storie raccontate dai poeti...» confiderà all'amico Joseph Spence. A dodici anni contrae una grave forma di tubercolosi ossea, non cresce più di statura («il piccolo Pope»), diventa gobbo, un invalido per sempre («questa lunga malattia, la mia vita»). A sedici anni è in corrispondenza affettuosa con gli intellettuali della generazione

[1] *The English Humourists of the Eighteenth Century*, 1858, p. 232.

precedente: oltre a John Dryden che considera suo maestro, il critico William Walsh, il poeta e medico Samuel Garth, i commediografi William Wycherley e William Congreve, l'attore Thomas Betterton.

Dai venti ai trent'anni si prova in ogni genere poetico. Pubblica *Pastorals* (1709), suscitando la prima d'una lunga serie di *querelles* letterarie. Conservatore raffinato, Pope attacca le pastorali « moderniste », involontariamente comiche, di Ambrose Philips, tanto ammirate dal circolo di scrittori che facevano corona all'autorevole Joseph Addison. Compone una summa in versi della poetica neoclassica, *An Essay on Criticism* (1711), attingendo da Orazio e, soprattutto, da Boileau (*L'Art poétique*, 1672). Seguì un furioso attacco di John Dennis, ma anche un benevolo giudizio di Addison. Con *Windsor Forest* (1713), poemetto topografico-georgico, continua la ricerca di effetti pittorico-musicali. Alla scuola del pittore Charles Jervas si prova anche a dipingere ritratti (« ... tre Swift, una duchessa di Montagu, mezza dozzina di conti... »). I diciassette disegni, che furono trovati dopo la sua morte, sono scomparsi. Alla National Portrait Gallery si può vedere la sua copia del ritratto di Betterton, eseguito da Kneller.

Nel maggio 1712, Pope pubblica nei *Miscellaneous Poems*, stampati da Lintot, la prima versione in due canti del *Rape of the Lock*, composta l'anno precedente, a suo dire, in meno di quindici giorni. L'idea gli era stata suggerita da John Caryll, amico di Pope e di una larga cerchia di famiglie cattoliche. Vi era stato un curioso incidente. Il settimo Lord Petre, cattolico anche lui e pupillo di Caryll, aveva tagliato, senza permesso, un bel ricciolo dalla chioma di Arabella Fermor. Ne era seguita un'ostilità tra le due famiglie, e Caryll propose a Pope di scrivere una poesia galante che volgesse in scherzo l'episodio. Ma Arabella, allora ventiduenne, si offese per le audaci allusioni e lo zio, Sir George Browne, si riconobbe nella caricatura di

Sir Plume. Addison, entusiasta di quella «cosetta deliziosa», sconsigliò Pope di ritoccarla, ma il giovane poeta decise di aggiungervi una macchina mitologica e il nuovo *Rape*, poema eroicomico in cinque canti, fu pubblicato il 2 marzo 1714, con sei illustrazioni dovute a due artisti francesi, Louis Du Guernier e Claude Du Bosc. Fu un successo. Pope si vantò d'aver venduto tremila copie in quattro giorni. La popolarità del *Rape* continuò a crescere: nello stesso anno ci fu una seconda e terza ristampa, nel '15 una quarta, nel '18 una quinta e nel '23 la sesta e l'ultima delle edizioni settecentesche del poemetto singolo. Sebbene Pope non finisse mai di fare correzioni e aggiunte di varia importanza, le illustrazioni rimasero sempre le stesse.

L'edizione 1714, che contiene importanti varianti, nasce nell'atmosfera intellettuale e conviviale dello Scriblerus Club. Dal 1712 al '14 s'incontrano nell'appartamento di John Arbuthnot, medico personale della regina Anna, Pope, Gay, Swift, Parnell e Oxford, primo ministro del gabinetto tory. Nel 1715 sotto lo pseudonimo di Esdras Barnivelt, Pope pubblica *A Key to the Lock*, una scherzosa interpretazione politica del poemetto che termina auspicando l'immediato arresto dell'autore e dello stampatore per propaganda antigovernativa.

In questo periodo Pope diventa amico dell'altro geniale ministro tory, Bolingbroke, uomo di molteplici interessi artistici, fervente ammiratore del Palladio. Gli scriblerиani progettano feroci satire contro la pedanteria, la volgarità e il fanatismo dell'ambiente letterario londinese. Ma dopo la caduta del ministero tory le riunioni s'interrompono e il risultato dei loro incontri, le sarcastiche *Memoirs of Martinus Scriblerus*, saranno pubblicate solo nel 1741.

Nel 1717 esce il primo volume delle opere del giovane autore, con poesie di gusto pre-romantico: *Verses to the Memory of an Unfortunate Lady* e *Eloisa to Abelard*, che forse intendeva essere anche un appassionato appello a Mary Wortley Montagu, partita con il marito ambasciatore per un lungo soggiorno in Turchia.

Una lunga affettuosa amicizia lega Pope alle due sorelle Theresa e Martha Blount. Martha, nominata alla sua morte erede universale, si dirà che sia stata la moglie segreta del poeta.

A venticinque anni, Pope intraprende quella che sarà chiamata la sua campagna di Grecia, la traduzione dell'*Iliade*. «... Mille volte ho desiderato di finire sulla forca. Ero così oppresso, all'inizio, che spesso sognavo di tradurre, e ancora mi capita qualche volta». Nel giugno del '15 pubblica i primi quattro libri e prosegue con il ritmo di quattro libri all'anno fino al completamento dell'opera, nel maggio del '20. Gay saluta con un'ode scherzosa il ritorno dell'amico dalla Grecia. L'elegante linguaggio poetico della traduzione — né letterale, né parafrastica — è una mescolanza di grecismi e parole antiquate alla maniera di Milton, una moda che durerà tutto il secolo.

Dal 1719 Pope vive con la madre — il padre era morto da due anni — nella piccola villa di Twickenham, sulle rive del Tamigi. Qui sviluppa il suo gusto per il giardino pre-romantico e costruisce il suo «grotto». Ha già scritto un saggio sull'arte del giardinaggio[2] e, anni dopo, conversando con Spence, ne riassumerà i punti essenziali: disseminare il terreno di contrasti, disporre abilmente le sorprese e occultare i confini.

Nel 1723 cura l'edizione postuma delle poesie dell'amico Parnell e le opere del duca di Buckingham. Scrive a un'amica: «Da molto tempo sento il desiderio di raccontare una fiaba, tanto più selvaggia ed esotica, tanto meglio; una *visione* dunque, che non essendo costretta a obbedire alla probabilità, accoglierà descrizioni varie e lussureggianti, basta che vi sia un'apparenza di morale. Certi rac-

[2] Si veda «The Guardian», n. 173, 1714.

conti persiani, penso, possono dare spunto a un'invenzione del genere... »[3]

Nel '25 pubblica l'edizione completa dei drammi di Shakespeare, ma i suoi emendamenti, di gusto neoclassico, sono a volte opinabili e meritano la censura del maggior filologo shakespeariano del tempo, Lewis Theobald. Con l'aiuto di due collaboratori, Broome e Fenton, porta a termine nel '26 la traduzione dell'*Odissea* che preferisce alla sublime e tragica *Iliade*. Pope guadagnò più di cinquemila sterline mentre i due collaboratori se ne divisero mille. Anche in questo caso non mancarono polemiche.

Dal '26 lo Scriblerus Club riprende i suoi incontri nella villa di Twickenham. Swift arriva due volte dall'Irlanda, Bolingbroke inizia il suo giornale antigovernativo, «The Craftsman». Con Robert Walpole ormai saldamente al potere, all'opposizione tory non resta che assumere toni morali e apocalittici. Nell'ottobre dello stesso anno sono pubblicati i *Gulliver's Travels* di Swift, nel '28 è rappresentata *The Beggar's Opera* di Gay, nel marzo esce, anonimo, con la revisione di Pope, un ironico pamphlet dello Scriblerus Club contro la cattiva poesia, una specie di ars retorica burlescamente rovesciata, *Peri Bathous, or, of the Art of Sinking in Poetry.* Nel maggio segue *The Dunciad*, poemetto eroicomico in tre libri di Pope, feroce attacco satirico contro gli pseudoscrittori del tempo, che continuerà nel '29 con un apparato di note critiche in chiave burlesca e completerà nel '43 con l'aggiunta del quarto libro, una magistrale, esaltante satira della stupidità umana. Temendo la reazione violenta dei vilipesi scri-

[3] Corsivo di Pope. Lettera a Judith Cowper del 26 settembre 1723. (*The Correspondence of A. P.*, Clarendon Press 1956, II, p. 202.) L'interesse di Pope per *Le Mille e una notte* che circolavano in Inghilterra nell'edizione di Antoine Galand risale al 1711 ed è testimoniato anche da Joseph Spence, *Observations, Anedoctes and Characters of Books and Men*, a cura di J. M. Osborn, Clarendon Press 1966, I, pp. 151-52.

bacchini, Pope va in giro scortato dal fido cane Bounce e la pistola in tasca.

A questo punto della sua vita può dire con Orazio di sentirsi «al di sopra d'un mecenate, anche se qualche volta mi compiaccio di chiamare amico un ministro». Forse questo è il Pope di cui Johnson traccerà il ritratto.[4] Elegantemente abbigliato in nero, parrucca d'argento e spadino al fianco, è però costretto a cingersi d'una specie di busto, a infilare tre paia di calze sulle magre gambe, sempre bisognoso d'essere accudito, spesso tormentato dal mal di testa. Lady Bolingbroke gli rimprovera d'usare strategie complicate anche per fini modesti: «Non beveva neanche una tazza di tè, senza ricorrere a stratagemmi». Lady Mary Montagu, anni dopo che l'amicizia amorosa s'è tramutata in odio, risponde ai suoi crudeli attacchi: «Quanto tu odii, così sii odiato dagli uomini, con l'emblema del tuo animo deforme stampato sulla schiena...»[5] E Pope, per amor suo, aveva crudelmente punito il tipografo Edmund Curll per aver proditoriamente stampato certe satire compromettenti da lei composte.

La sua poesia più ambiziosa è di questo periodo e tratta i grandi temi etici e morali dell'epoca. *Essay on Man* (1733-34) tocca la definizione e lo stato dell'uomo nell'universo («la grande catena dell'Essere»), l'uomo rispetto a

[4] «Alexander Pope» in *Lives of the Poets* (1779-81), a cura di G. B. Hill, Oxford 1905. Altra testimonianza, finora ignorata, è quella di Francesco Algarotti che nel '39 frequentò per qualche tempo il circolo di amici di Pope. «Più volte ho pranzato con lui a casa di mylord Burlington; più volte sono stato a vederlo nella amena sua villetta di Twiknam [sic!] posta sul Tamigi. Quivi se ne stava egli cagionevole, contraffatto della persona, facendo versi, visitato da' più gran signori. In capo alla sua libreria aveva il busto d'Omero, il quale, morto di fame esso, faceva viver Pope il traduttor suo assai grassamente. Nel giardino della casa ci aveva fatto un picciol monticello, ch'e' chiamava il Parnaso. Sopra che diceva Voltaire, che Pope avea voluto anche nel suo giardino metter la gobba.» (Lettera al signor A. Paradisi, 4 ottobre 1759, in *Opere*, Venezia 1794, vol. X, pp. 13-14.)

[5] «Verses address'd to The Imitator of Horace» in Lady Mary Wortley Montagu, *Essays and Poems*, a cura di R. Halsband - I. Grundy, Clarendon Press 1977, pp. 265-70.

se stesso, alla società e alla felicità. Seguono i *Moral Essays* (1731-35) sul carattere degli uomini, delle donne (« ma ogni donna in fondo al cuore è una libertina »), sull'uso delle ricchezze, sul gusto, e per ultimo sulle medaglie. Infine *Imitations of Horace* (1733-38), dodici satire di Orazio mirabilmente adattate ai tempi moderni, e varie composizioni satirico-didattiche in versi.

Nel '32 muore l'affettuoso Gay. Swift, malato e impaziente verso l'amico che ha sempre un progetto poetico in testa, non lascia più l'Irlanda. Nel '34 Pope gli scrive: « Il mio sistema è breve, il mio ambito ristretto. La fantasia non ha limiti, ed è una sfera in cui ci si può muovere all'infinito; ma quando uno è costretto alla verità, o, per parlare come una creatura umana, all'apparenza della verità, subito scopriamo quanto sia corta la nostra catena ».[6]

Inizia una complicata revisione del suo epistolario: riscrive persino delle lettere, cambia date e destinatari, fa uscire edizioni parziali. Con ogni espediente compone il proprio autoritratto ideale. Sir Joshua Reynolds l'incontra nel '40, a un'asta pubblica e, confuso tra la folla riverente, cerca di toccare la mano che aveva scritto il *Rape*. Annota che gli occhi sono grandi e molto belli, il naso lungo e nobile, la bocca contratta, come quella delle persone deformi.

Pope muore a 56 anni, il 30 maggio 1744. A chi lo aveva pregato di far chiamare un prete, rispose: « Non che sia essenziale, ma sarà opportuno, e grazie per avermelo ricordato ».

2. IL RICCIO RAPITO

Può accadere che una volta terminata la lettura del *Rape*, resti nel ricordo solo una « cosa » dura e scintillante, pro-

[6] Lettera a Swift del 19 dicembre 1734, in *The Correspondence*, cit. vol. III, p. 445.

veniente dal mondo naturale, eppure artificiosamente elaborata: una conchiglia, esternamente una struttura finita, cava all'interno. Niente di meglio di una conchiglia può guidarci a quell'effetto fonico e semantico di eco sospesa sulla pagina scritta. Il distico eroico è anche una partitura per la voce poetante. «Il suono deve sembrare un'eco del senso;» aveva scritto Pope «dolce è il canto quando Zefiro gentilmente alita, e lieve il ruscello in versi più lievi scivola; ma quando ruggenti ondate sferzano la risonante riva, il verso rauco, aspro dovrebbe come il torrente ruggire: quando Aiace si sforza di scardinare la pesante roccia, il verso anche fatica, e le parole lentamente avanzano; non così quando la svelta Camilla scorre per il piano; vola sul grano irto, e sfiora l'oceano.»[7]

Alla lettura mentale un lettore colto dovrebbe cogliere l'affiorare del filo breve e scintillante d'un verso omerico o virgiliano, se non un frammento del miltoniano *Paradise Lost*.[8] Sul grande arazzo della poesia epica europea, Pope condusse un lavoro di *perfilage*, ne disfece la trama e sciolse i fili per intrecciarli alla sua epopea in miniatura, di soli cinque canti. Piccolezza che rispetta però la regola della proporzione, capziosità d'un testo che continuamente traversa altri testi — sviandoli dall'ampia tonalità eroica dell'origine, tensione della parodia che osserva se stessa.

Questa coscienza eccessiva e inquietante della disposizione dei segni era stata raccontata da Milton in una para-

[7] Cfr. *Essay on Criticism*, II, vv. 365-73: «The sound must seem an Echo to the sense: / Soft is the strain when Zephyr gently blows, / And the smooth stream in smoother numbers flows; / But when loud surges lash the sounding shore, / The hoarse, rough verse should like the torrent roar: / When Ajax strives some rock's vast weight to throw, / The line too labours, and the words move slow; / Not, so, when swift Camilla scours the plain, / Flies o'er th'unbending corn, and skims along the main». Ogni citazione dell'opera poetica di Pope è tolta dalla Twickenham Edition.

[8] Per la moda settecentesca di imitare e parodiare il poema miltoniano si veda R. P. Bond, *English Burlesque Poetry 1700-1750*, Cambridge U. P. 1932.

bola. Colpa (*Sin*) era nata dalla testa di Satana — come Minerva da Giove — ed era stata scambiata per Segno (*Sign*): «... mi chiamarono Colpa e per un Segno portentoso mi presero».[9] Da Satana si era originato l'ordine parodico dell'inferno e la blasfema ed incestuosa trinità Satana, Colpa, Morte che scimmiotta quella del Padre, del Figlio e dello Spirito. Quindi il Segno può essere scambiato per Colpa, s'identifica con essa poiché s'intende come sostituzione del Verbo divino, essenza irriducibile e inconfondibile. La parodia esaspera l'incestuosa escrescenza del Segno, si manifesta come perversione del senso e proliferazione demoniaca dei testi che articolano grida e non parole, come la cannibalesca prole di Colpa.

Ogni definizione di parodia, satira, farsa rivela, in questo periodo, l'ombra del mito miltoniano, un oscuro senso di disagio. Dryden non manifesta molta simpatia per il capolavoro burlesco, plebeo e aristocratico di Samuel Butler, *Hudibras* (1663-78), violento e sproporzionato, che solletica in maniera goffa e con una sorta di fastidio: «siamo serviti senza grazia, quasi contro il nostro piacere». Ammira invece l'elegante e ironica maniera virgiliana nell'episodio delle api, le minuscole guerriere dai grandi cuori[10] e la maestà dell'eroico quando finemente si mescola al veleno. «Tassoni e Boileau ci hanno lasciato i migliori esempi di questo genere nella *Secchia Rapita* e nel *Lutrin*, e dopo di loro Merlin Coccaius nel *Baldus*...»[11]

Aveva detto Boileau che un poema epico, per essere eccellente, avrebbe dovuto avere «peu de matière et que c'étoit à l'invention à la soutenir et à l'entendre», e il suo *Lu-*

[9] Cfr. *Paradise Lost*, II, vv. 760-61 sgg. in *The Poems of John Milton*, a cura di J. Carey - E. A. Fowler, Longmans, 1968.

[10] Cfr. *Georgiche*, IV, vv. 83 sgg.: è un passo frequentemente imitato dai poeti settecenteschi inglesi.

[11] «Discourse concerning the Original and Progress of Satire» (1693), in *Of Dramatic Poesy and other Critical Essays*, a cura di G. Watson, Dent 1962, I, p. 71. *La Secchia Rapita* è del 1622 e il poemetto del Folengo (Merlin Coccaius) è del 1517. Sul *Lutrin* si veda anche p. 109, n. 18.

trin (1674-83) ripete del poema epico la struttura e le convenzioni, con in più quell'« élégant badinage » che lo rende così affabile. Gli eroi, un pigrissimo canonico e un vanitoso barbiere, si contendono un leggìo sullo sfondo d'una Parigi dolcemente agreste. Con spedita allegria l'ironica voce narrante dispone la protasi, le allegorie, sollecita l'azione, tipizza i caratteri, ordina la Notte e l'Aurora, dispone il finale. Boileau non ha remore puritane verso i generi che sovvertono le istituzioni letterarie: non v'è serpente, né mostro così odioso che, imitato dall'arte, non divenga gradevole agli occhi. Vezzeggia anche l'amabile indiscreto vaudeville, « cet enfant de plaisir veut naître dans la joie ».[12]

Un po' della sua felicità per la letteratura, del suo ironico garbo didattico trapassa nella « Ricetta per fare un poema epico », scritta da Pope contemporaneamente al *Rape*.

Raccogliete da vecchi romanzi cavallereschi una grande quantità di avventure per l'eroe e fornitelo anche di attributi contradittori. Aggiungete una macchina mitologica che vi permetta di districarlo dal garbuglio dei casi e della morale. Per le descrizioni abbiate pronte: una tempesta, una battaglia, una città in fiamme. Per il linguaggio sarà bene imitare Milton poiché lui ha coniato ebraismi e grecismi e non occorre cercare altrove, basta una patina di inglese antico preso da Chaucer. E per finire spargete a piene mani pensieri bollentissimi che si saranno freddati prima di esser letti.

Ma Pope introduce nuovi veleni nell'elegante, affettuoso progetto eroicomico di Boileau. Non gli basta far parlare Belinda e il Barone come Didone e Enea. Quando l'oggetto conteso non è più una secchia, un leggìo, ma un ric-

[12] *L'Art Poètique*, II, in *Oeuvres*, a cura di G. Mongrédien, Garnier 1961, I, p. 159. Per il rapporto di Boileau con la letteratura inglese, si veda A. F. Clark, *Boileau and the French Classical Critics in England, 1660-1800*, Champion 1925.

ciolo femminile, vuol dire che l'epica è stata decapitata, anche se occasionalmente continua a passeggiare con la testa poggiata sulle spalle.[13] Dopo le innocenti guerre paesane d'Italia e di Francia, la guerra dei sessi fa crollare l'impalcatura simbolica dell'epos.

Nel febbraio 1714, Pope invia una copia del *Rape* alla signora Marriot, accompagnandola con una lettera: «Questo bizzarro lavoro che ho completato secondo il disegno originario è soprattutto una satira e contemporaneamente la più inoffensiva delle mie cose. Le persone che vorrebbero solamente ridere e sembrano divertirsi cordialmente, al tempo stesso sono a disagio. È un tipo di scrittura molto simile al solletico. Sono così vanitoso da immaginare un bel quadro della vita delle nostre signore moderne in questa oziosa città, dalla quale voi vi siete così felicemente, prudentemente e filosoficamente allontanata.» Pope riprende la definizione drydeniana per quel verbo (solleticare) che esprime la degradante azione della parodia. Il seguito però è uno slittamento verso un proposito diverso che indica come centrale la figura femminile, su uno sfondo che non è più quello pastorale, ma la stessa Londra. È un progetto in realtà «modernista», addisoniano, che per amore di Belinda distoglie l'eroicomico dalla sua ossessione feticista del linguaggio, e lo induce a abbandonare antiche presupposizioni e rigide contrapposizioni.

Tanto per cominciare Belinda può vantare un doppio nel mondo reale, Miss Arabella Fermor, la quale conosce l'arte di muovere, restando immota. Dopo un periodo di riluttanza si convince a riconoscersi in Belinda, e a riconoscere al tempo stesso l'autonomia di quella creatura fantasmatica. Quando ha appena sposato il signor Francis Perkins, non Lord Petre (il Barone) che è morto di vaiolo l'anno prima, Pope le scrive una lettera, l'unica, per quanto

[13] Secondo Dryden la satira può ottenere effetti assai diversi: c'è una bella differenza tra un volgare massacro e la finezza di un colpo che separa la testa dal corpo, e la lascia al suo posto, *op. cit.*, vol. 2, p. 137.

ne sappiamo, dove si avverte l'intimità d'una fantasia di possesso, in sogno o in finzione. E ora è necessario rompere il dubbio incantesimo: «Voi siete ormai consapevole quanto la tenerezza d'un solo uomo meritevole sia da preferire alle lusinghe di molti... Io sono in realtà uno che si augura la vostra felicità, più che il cantore della vostra bellezza. Inoltre, ora voi siete una donna sposata, nella condizione di diventare molto di più di una donna di mondo, moglie eccellente, amica fedele, tenera madre e alla fine come conseguenza, santa in paradiso. Adesso non dovete ascoltare che quanto avete sempre desiderato di ascoltare (qualsiasi cosa gli altri abbiano detto) voglio dire la *Verità*».[14]

La verità dei luoghi comuni della vita, non quella della poesia, della seduzione, della mondanità! Pope ha ventisei anni e, forse per schermirsi, paga un passeggero tributo alla banalità. Meglio che lei si prepari a ascendere i cieli come Santa Madre, invece che come Ricciolo, metonimico e pagano, emblema di desiderio inscritto nell'eternità equivoca dell'arte. «Vi supplico, prendetelo per un atto di mera giustizia che un uomo il quale, dopo morto, sarà certamente tenuto per vostro ammiratore, possa avere la felicità della vostra stima, mentre è in vita.» Il facile contrasto tra vita e morte è allusione a un'altra allusione. Nell'ultimo appello a Belinda il Barone pone la differenza tra morire in due o solo, di dolce morte, o vivere, desiderandola. È ancora un malizioso tentativo per coinvolgere Belinda, per farla partecipe di quel desiderio solitario ma sempre vivo, dal quale la bellezza di Belinda-Arabella non potrà mai districarsi. All'accorta lettrice si sarà probabilmente svelata l'implicazione sessuale d'un così fitto incrocio di allusioni.

Ma Belinda, come eroina, possiede anche altre funzio-

[14] Corsivo di Pope. Lettera probabilmente del dicembre 1714 in *Correspondence*, cit., I, pp. 271-72.

ni. Ovviamente fa progredire la storia nei tempi canonici dell'intreccio neoclassico, continuamente avvolta dalla voce narrante. Ma la sua strategia per raggiungere la centralità, non solo della storia, è assai singolare. È una gigantessa per Ariele che si appoggia ai fiori appuntati sul suo seno, molti anni prima che Gulliver fosse messo a cavalcioni sul capezzolo d'una damigella di Brobdingnag. Alla toletta emana l'immagine di se stessa come dea; nella barca è al centro come la divina Cleopatra e sottrae al sole la sua deificante radiosità. Nel gioco a *ombre* è al vertice d'un trio di giocatori, la sfidante, a cui le carte danno diritto di doppiarsi in uomo. Attorno a lei si dispone il mondo degli oggetti minuscoli e quello iperbolico delle passioni, partecipi l'uno dell'altro, come ben sanno le carte travagliate da casi troppo umani.

Nei momenti di maggiore gloria Belinda non è visibile perché è luce, musica, metonimie. Ha l'occhio tondo, saettante, omicida della divinità che non si lascia fissare e moltiplica il suo potere nel diamante, nello specchio, nell'acqua.

Ma Belinda è solo l'eroina dell'epica moderna? O non è forse anche il manifesto del gusto estetico del secolo? Non sta pensando a lei Edmund Burke, e non a una donna in carne e ossa, quando enuncia la sua concezione del Bello? «Osservate quella parte d'una bella donna dove forse è più bella, attorno al collo e ai seni, la levigatezza, la morbidezza, la facile e leggera curva, la varietà della superficie, che non è mai neanche nel tratto più breve la stessa, l'ingannevole labirinto, attraverso cui l'occhio irrequieto scivola ebbro, senza sapere dove fissarsi, o dove è attirato. Non è questa una dimostrazione di quel mutamento di superficie continuo e tuttavia difficilmente percepibile in un punto preciso che forma uno dei grandi costituenti della bellezza?»[15]

[15] E. Burke, *A philosophical Enquiry into the Origin of our Idea of the Sublime and the Beautiful*, The Scolar Press 1970 (1759), p. 216.

Se questa bellezza visualmente discende dalla linea serpentina di Hogarth, in poesia è la donna in mutamento di Ovidio: gradualità, sensualità, pathos della trasformazione che scioglie solidità, volume, punte. Così Driope che Pope tradusse in inglese: «Non più donna, non ancora albero: i tuoi rami appaiono ornati di umide, pendule, perle, da ogni foglia si distilla una lagrima, gocciolante, e una voce soffocata, fintanto che voce rimane, così tra i rami in sospiri si lamenta».[16] In una momentanea sospensione dell'ironia, Belinda fa incontrare i sensi del lettore e la simulazione sensuale orchestrata dalla scrittura. Il suo occhio raggiante genera le tinte argentee e dorate, gli abbagli, i luccichii, gli splendori lavorati insieme a cadenze morbide, fluide, serpentinate. I suoi oggetti di tartaruga e d'avorio, le stoffe, le porcellane, trattengono sensazioni tattili, lambite da freddi riflessi di colore. Il gusto e l'odorato, ma anche la vista, sono eccitati dalla lucida ebbrezza del caffè, dalla densità aromatica della cioccolata, dai flessuosi ghirigori di vapore. Pope ci manda il segno della sua presenza dietro la voce poetante, mentre di notte, nella casa silenziosa, scrive e beve caffè. L'uso preponderante delle metonimie permette di tracciare profili non pieni, nervosi, e rampanti. «È il delicato mirto, è l'arancio, è la mandorla, è il gelsomino, è la vite» scriverà Burke «che noi consideriamo bellezze vegetali.»[17]

Attorno al corpo abbagliante e opaco di Belinda si dispongono i quattro elementi. L'aria abitata dai Silfi, i suoi verginali e trasparenti propositi, pieni di grazia, che palpi-

[16] «No more a woman, not yet quite a tree: / Thy branches hung with humid pearls appear, / From ev'ry leaf distills a trickling tear, / And strait a voice, while yet a voice remains, / Thus thro' the trembling boughs in sighs complains.», «Dryope» in *Ovid's Metamorphoses... translated into English Verse under the direction of Sir Samuel Garth*, Bodoni 1958 (1717). Oltre a Pope collaborarono Dryden, Addison, Congreve, Gay. Per una considerazione sulla presenza di Ovidio nella letteratura inglese, si veda *Ovid Surveyed, an Abridgement of «Ovid Recalled»* di L. P. Wilkinson, Cambridge 1962.

[17] E. Burke, *op. cit.*, p. 218.

tano attorno alla sua figura come una cortina alata e iridescente. La terra coincide con l'ampia circonferenza della gonna. Lì hanno trovato riparo gli istinti sessuali che in forme grottesche e oscene strisciano nell'oscurità dell'inconscio. L'acqua è elemento di transito, di infida neutralità che porta al luogo del misfatto (Hampton Court). Il fuoco illumina nelle forme minime, lingueggianti, dei candelabri, del fornellino, la scena del simbolico stupro. Alla fine esalta, come cometa bruciante che s'allunga nello spazio sidereo, il boccolo-anello di Belinda.

È un universo ovidianamente percorso dalla tentazione delle metamorfosi. Anche il buio della grotta di Malinconia s'addensa di ombre diverse e l'aria cristallina è perforata da bagliori. In *Windsor Forest* Pope aveva tentato la descrizione d'una natura denaturizzata, artificiale, capovolta e riflessa nello specchio del fiume. «Spesso nel suo specchio, il pastore pensoso spia montagne precipiti e cieli discendenti, l'equoreo paesaggio dei boschi penduli, e alberi assenti che tremolano nei flutti; nel limpido azzurro bagliore si scorgono le greggi, e fluttuanti foreste fanno verdi le onde. Per la bella scena rotolano lente le acque indugianti, poi schiumeggiando, si riversano e corrono al Tamigi.»[18]

Non la natura divenuta verosimiglianza e convenzione, ma permeata d'umani umori e trasalimenti, animata dal sogno d'essere altra da sé. Senza leggi, non sottoposta al tempo, né circoscritta nello spazio, si ritrova nella sua immagine riflessa, meravigliosamente attraversata dalle forme.

L'inventività e la ricchezza dell'arte sono però sfidate

[18] «Oft in her glass the musing sheperd spies / The headlong mountains and the downward skies, / The watery landscape of the pendent woods, / And absent trees that tremble in the floods; / In the clear azure gleam the flocks are seen, / And floating forests paint the waves with green, / Through the fair scene roll slow the lingering streams, / Then foaming pour along, and rush into the Thames» (vv. 211-18).

dagli oggetti della moda: la loro materialità preziosa gareggia con il verso. Il fruscio del lucido mantello può superare l'onomatopeico scorrere del distico eroico, avverte Gay, il ricco broccato può dispiegare un ramo fiorito incrostato d'oro. Nella guerra dei sessi, il ventaglio, il neo, il pettine, lo spillone, la tabacchiera, la canna col pomo d'ambra, lo specchio, il fiocco... possono diventare offerte propiziatorie, o spie di nascoste tensioni, armi all'occorrenza. La loro presenza ossessiva ingombra i gesti del cavaliere e della dama. A causa loro i metafisici duelli degli innamorati di Congreve sono diventati sanguinose guerre di sterminio, dove al posto di una Millamant armata di intellettuali rigori, si mira un corpo femminile che è una macchina di guerra, una medusa rococò.

Dopo circa un secolo, Pope ha riscritto il *Comus* di Milton, il poetico *masque* della verginità.[19] Non meno della Lady seduta in trono, «i nervi tutti incatenati in alabastro», Belinda è sospesa, stregata, tra il narcisismo della «silficità» e la violenza dello stupro. Si arma per essere sconfitta, seduce per non essere sedotta, piange per l'affronto e perché non è né definitivo, né segreto. Se per Milton la verginità era più che se stessa, per Pope è assai meno, e l'onore mondano può ben stare al suo posto. Il dialogo profondo tra i due testi quasi non affiora alla superficie linguistica. Ne colgono dei tratti isolati gli illustratori del *Rape*, che misero nelle loro tavole qualcosa di più e di diverso. Du Guernier introduce una forma ambigua sotto il drappeggio della toletta di Belinda, la zampa biforcuta di

[19] Fu rappresentato il 29 settembre a Ludlow Castle, con la musica di Henry Lawes. È un mito neoplatonico di non facile interpretazione, malgrado la semplicità dell'intreccio. La Lady, smarritasi nel bosco, mentre cerca i suoi fratelli incontra il dio Comus e la sua banda di gaudenti. Resiste alle insidie del piacere, ma è paralizzata da un incantesimo e non può fuggire. Sarà salvata dall'intervento dello Spirito Custode e della ninfa Sabrina, protettrice della verginità. È una squisita composizione intensamente musicale che riecheggia motivi della poesia classica, italiana e elisabettiana.

un seguace di Comus, e tra i Silfi-Cupidi del frontespizio compare proprio un fauno con la maschera sul volto e le zampe caprine. Füssli, nel suo misterioso *Sogno di Belinda*, addirittura torna alle fate e agli gnomi di Shakespeare, che di Milton, in quest'opera di indefinibile suggestione, è il maestro.[20] Nella straordinaria illustrazione della grotta di Malinconia, Beardsley mette al centro il visionario Pope, a sinistra Umbriele che somiglia allo Spirito Custode miltoniano, invece che allo gnomo, e a destra in basso una sfinge o una sirena, forse Sabrina, la protettrice marina della castità, dalla chioma come strascico fluente e distillante ambra. Tra vesti ondeggianti, simili a capelli o acque, e argute piume arricciolate, spuntano testine medusee silficamente assorte.

Ecco perché gli oggetti diventano così determinanti nell'economia del *Rape*. Pope ne comprende l'importanza leggendo la descrizione della toletta della dama nel manoscritto del *Fan* dell'amico Gay.[21] Benché poeta minore per eccellenza, Gay aveva l'occhio pronto per individuare quel tocco di modernità che avrebbe fatto rovesciare un testo da una posizione di «imitazione» a quella slittante, doppia di «eroicomico». Gli oggetti infatti scansano il paesaggio, sostituiscono la natura, sfidano anche l'arte. Il simbolico stupro, compiuto da una forbice, avrà un seguito anche più perverso.[22]

[20] Si veda R. Halsband, *The Rape of the Lock and its Illustrations 1714-1896*, Clarendon Press 1980.

[21] Cfr. avanti pp. 110-11, n. 84.

[22] Beardsley racconta e illustra la storia del parrucchiere innamorato che taglia la gola alla principessina tredicenne in «The Ballad of a Barber» (*The Savoy*, luglio 1896). È la versione decadente del tema verginità, incantesimo, stupro.

Si veda anche l'influenza del *Rape of the Lock* su *The Waste Land* di T. S. Eliot, in special modo nella sezione II «Una partita a scacchi» e nella prima redazione del «Sermone del fuoco», a cui si riferisce il commento di Pound: «... non puoi parodiare Pope a meno che tu non sia capace di scrivere versi migliori di Pope e non ne sei capace», in T. S. Eliot, *La terra desolata. Con il testo della prima redazione*, Introduzione, traduzione e note di A. Serpieri, Rizzoli (BUR) 1982, p. 157.

I Silfi sono agenti epici della misura degli oggetti che ricoprono la toletta e il tavolo da tè. A differenza dei fratelli e dello Spirito Custode della Lady di Milton, non conoscono argomenti a favore della verginità e offrono solo il proprio abbraccio d'ombra. Ma nell'aspetto esteriore hanno qualche lusinghiera somiglianza. « La presi per una visione magica di gaie creature dell'etere » dice Comus dei fratelli « che nei colori dell'arcobaleno vivono e scherzano tra le pieghe delle nuvole. » Lo Spirito Custode scende dal cielo veloce « e per prima cosa mi tolsi queste vesti di cielo tessute dal telaio di Iride ».[23] Occorreva anche tutta l'energia plastica del distico eroico di Pope per staccare il tema della verginità dalla platonica musicalità, dal paesaggio edenico in cui lo aveva inscritto Milton. Compattezza e flessuosità, punta e acume d'un verso che va elegantemente ragionando.[24] Così diminuito il tema, prima intensamente musicale, diventa incisivamente visuale. E poiché favoleggia di qualcosa continuamente perso, merita di brillare eternamente in cielo come un ironico punto interrogativo. *Cul-de-sac*, per Beardsley.

All'occhio ragionante del critico — asseriva Pope nell'*Essay on Criticism* — spetta di cogliere l'intero, si tratti di poema, edificio, giardino, volto, obliterando nell'energia estetica liberata dalla totalità, il singolo particolare, l'occhio, il labbro. « L'intero è al tempo stesso ardito e regolare. » La sua intensa bellezza non risiede nella somma delle singole parti, ma fiammeggia nell'incontro con l'ani-

[23] « I took it for a Faëry vision / Of some gay creatures of the element / That in the colours of the rainbow live / And play i' the plighted clouds... » (vv. 298-300); « ... first I must put off these my sky-robes spun out of Iris' woof » (vv. 82-83), *Comus* in *The Poems of John Milton*, cit. p. 191 e p. 180.

[24] Per il distico eroico, due pentametri a rima baciata, sono stati versati fiumi d'inchiostro. Si veda in proposito nella *Princeton Encyclopedia of Poetry and Poetics*, a cura di A. Preminger et alii, Princeton University Press, 1974, s.v. « Heroic couplet » e G. Galigani, *Il « Rape of the Lock » del Pope: quattro voci di un contrappunto*, Giardini Editori 1976, cap. I.

mo rapito di chi la contempla. Rileggendo la prima redazione del *Rape*, Pope la trovò probabilmente troppo esigua, priva dell'intrigante fascino della complessità. Era infatti costituita da due canti solamente (334 versi) che coincidevano con i due episodi portanti, meramente giustapposti: il taglio del ricciolo e la battaglia tra i *beaux* e le *belles*.

Nella seconda redazione del 1714 aveva aggiunti diversi episodi per conferire intensità e varietà alla struttura e le transizioni dall'uno all'altro erano più elaborate e modulate dalla smagliante persistenza della scrittura. Il sogno e la toletta nel primo canto, la partita a *ombre* nel terzo, fungono da episodi-specchio, pre-dicono e simboleggiano con acuta intensità quel trionfo silfico che l'eroina vagheggia: il diafano e scintillante «amoroso» del sogno, lei stessa «imago» di donna, non donna ma «Idea» estetica, se non platonica. La macchina mitologica rompe il chiuso ambiente sociale per annettere miltonianamente il cielo e l'inferno. Lassù, in assemblea tra le sartie della barca, i Silfi espandono la glorificazione di Belinda.

Nelle viscere della terra, Malinconia, le allegoriche ancelle, gli oggetti semoventi e squittenti, atomizzano e anatomizzano le passioni dell'eroina e perversamente le inscenano. Ma il compito più delicato dei Silfi arriva al momento della catastrofe quando Belinda sperimenta la contraddizione come incantesimo paralizzante, alla maniera della Lady di Milton. I suoi fragili protettori si rassegnano in un sospiro, s'immolano senza sangue o lacrime, per risuscitare subito dopo, inani. In realtà la forbice crudele ha separato (oh, per sempre!) Belinda dalla sua silficità.

Era stato chiesto a Pope di chiarire meglio la morale del poemetto e nel 1736 aggiunse il discorso di Clarissa, il cui senso non lascia dubbi: la silficità sospende la vita e non evita la morte. Tanto bene Belinda lo ha compreso che sorvola sulla necessità dell'atto — inevitabile per colei che non vuole vivere per sempre nelle gelide e solipsistiche regioni della verginità — ma critica la modalità dell'esecuzione, così pubblica. Alla disperata, chiassosa (tardiva) richiesta di contrattazione da parte di Belinda, risponde direttamente il poeta con l'assunzione in cielo del ricciolo. La poesia è infatti l'unica silficità che paga e ha il potere di inscrivere nell'eternità solamente il proprio nome: Belinda.

VIOLA PAPETTI

GIUDIZI CRITICI

UNO SCHERZO INVOLONTARIO

«Poiché nulla sarebbe più ridicolo che scrivere una vera critica, precisa e compendiosa d'una cosetta da nulla come questo insignificante poema, dirò qualche parola riguardo gli incidenti, e così avrò finito con quel che interessa direttamente il disegno. L'intenzione dell'autore scrivendo questo poema, come scopriamo dal frontespizio, è di suscitare il divertimento del lettore, e considerando l'effetto di *Hudibras* e del *Lutrin*, ci rendiamo conto che Butler e Boileau hanno scritto con la stessa intenzione. Ora voi sapete molto bene, signore, che in un poema fondato su un'azione, il divertimento è principalmente suscitato dagli incidenti. Poiché il riso nella commedia dev'essere soprattutto mosso dalla sorpresa come il terrore e la compassione nella tragedia, quando le cose scaturiscono l'una dall'altra contro ogni nostra previsione. Ora mentre vi sono diversi incidenti comici nel *Lutrin*, come il gufo nel pulpito che terrorizza i campioni notturni, il prelato che dà la benedizione all'avversario, facendo le sue vendette e insultandolo, la battaglia nella libreria, ecc. e mentre ve ne sono a migliaia in *Hudibras*, non ce n'è nemmeno uno, né l'ombra di uno, in *The Rape of the Lock*. A meno che gli amici dell'autore non vogliano obiettare che la sua costante gravità, dopo la promessa del titolo, rende l'intero poema uno scherzo continuo.»

(J. Dennis, «Remarks on *Mr Pope's Rape of the Lock*» in *Several Letters to a Friend*, 1714)

«Potete facilmente formarvi un'idea di Pope. Credo che sia il poeta più elegante, più corretto e, cosa questa che vuol dir molto, il più armonioso che abbia l'Inghilterra. Ha ridotto gli stridenti sibili della tromba inglese ai dolci suoni del flauto. È facile tradurlo perché è estremamente chiaro, e i suoi motivi sono per lo più generali e alla portata di tutte le nazioni. Presto sarà conosciuto in Francia il suo *Essay on Criticism* nella traduzione in versi che ne ha fatto l'abate Du Resnel. Ecco un brano del suo poema *The Rape of the Lock* che traduco con la mia solita libertà, perché, ripeto, non vi è niente di peggio che tradurre un poeta alla lettera.

Umbriele, subito, vecchio gnomo arcigno,
con ala pesante e con aspetto accigliato
va a cercare, mormorando, la profonda caverna
dove, lontano dai dolci raggi che l'occhio del mondo diffonde,
la dea dei vapori ha stabilito il suo soggiorno.
I tristi Aquiloni vi soffiano intorno,
e il soffio malsano del loro arido alito
porta intorno la febbre e l'emicrania.
Su un ricco divano, dietro un paravento,
lontano dalle faci, dal rumore,
dalla gente che parla e dal vento,
la dea capricciosa incessantemente riposa,
il cuore grosso per gli affanni, senza saperne la causa,
lo spirito sempre tormentato, pur non avendo mai pensato,
l'occhio pesto, la pallida cera e l'ipocondrio gonfio.
La maldicente Invidia è assisa a lei vicina,
vecchio spettro di femmina, decrepita pulzella,
con un'aria devota strazia il suo prossimo,
e canzona la gente con il Vangelo in mano.
Su un letto pieno di fiori, negligentemente adagiata,
una giovane bellezza si è non lungi distesa:
è Affettazione, innaturale nel parlare,
ascolta senza capire e adocchia guardando,
arrossisce senza pudore, e ride di tutto senza gioia,
di cento mali diversi pretende essere preda,

e piena di salute sotto il rosso e il belletto,
si compiange con mollezza e sviene con arte.

Se leggeste il brano nell'originale, invece di leggerlo in questa fiacca traduzione, lo paragonereste alla descrizione della Mollesse nel *Lutrin.*»

(Voltaire, *Letters concerning the English Nation*, 1733.)

SPIEGAZIONE DEL SISTEMA DEL CONTE DI GABALIS

«Nel secolo passato facea gran romore la compagnia de' fratelli intitolati della Croce Rosea, i quali erano tutti applicati a coltivar la scienza cabbalistica in ordine all'invenzione della pietra filosofale, su cui scrissero tanti libri enigmatici in cui profanarono l'uso delle cose sante e le dottrine stesse rivelate, con scandalo de' buoni e sommo danno della vera filosofia. L'Abbate di Villars introduce nel suo libro un certo signore alemanno chiamato il Conte di Gabalis e che si finge morto d'apoplessia o strangolato dal diavolo per aver pubblicati i secreti de' saggi. Il suo sistema è che lo spazio immenso tra la terra e il cielo ha degli abitanti più nobili che gli uccelli ed i mosciolini, ed il mare altri ospiti che i delfini e le balene. La profondità della terra non è per le sole talpe, né l'elemento del fuoco è stato fatto per restar inutile e vuoto; in una parola, tutti gli elementi sono abitati da quelle creature elementari che anticamente si dissero genî e volgarmente si chiamano folletti. I cabbalisti loro diedero nome di Silfi, di Gnomi, di Ninfe e di Salamandre, ognuna delle quali specie ha maschi e femmine e propagasi come gli uomini. Maschile è la beltà delle Silfidi e il Conte di Gabalis la rassomiglia a quella delle antiche Amazzoni; molle è la bellezza delle Ninfe; le Gnomidi sono picciole di statura ma belle di volto e curiosissime nell'abito; ma più belle di tutte sono le Salamandre uscite da un elemento purissimo. Mirabili sono i lor abiti, la lor maniera di vivere, i costumi, la polizia e le leggi loro. La disgrazia di tutte queste creature è che l'anima loro è mortale e dopo lungo giro di secoli si scioglie negli elementi abitati, se non riesce a' folletti di contrattare qualche alleanza coll'uomo, il quale può renderli partecipi dell'immortalità. Essi dunque con ogni premura la procurano, ma i filosofi cabbalisti s'adoprano con ogni sforzo dal lor canto a cercarla per i molti vantaggi che lor ne risultano. I Gnomi tra gli altri sono custodi delle miniere e delle gemme.

Per acquistar impero sulle Salamandre i filosofi concentrano il fuoco del mondo per via di specchi concavi in un globo di vetro. In questo globo si forma quindi una polvere la quale, da se stessa separata dall'impurità degli altri elementi e preparata dall'arte, diviene in poco tempo propria ad esaltare il foco che è in noi ed a farci, per così dire, di natura ignea. Allora gli abitanti della sfera del foco divengono nostri inferiori ed, allettati dal veder ristabilita l'antica armonia e che noi ci siamo avvicinati a loro, hanno per noi tutta l'amicizia possibile. Io dissi antica armonia, perché si pretende che prima del peccato di Adamo ve ne fosse una molto grande tra le creature elementari e l'uomo.

Non è pur difficile il possedere i Silfi, i Gnomi e le Ninfe: basta chiuder in un vetro pieno d'aria una mistura d'acqua e di terra, e lasciarla esposta al sole per un mese, e poi separarne gli elementi secondo l'arte. Se ne compone quindi una specie di calamita molto efficace per attrar Ninfe, Silfi e Gnomi, i quali corrono in folla ad offrirci doni e ricchezze, perché, come s'accennò, la maggior felicità di questi popoli elementari è che i filosofi vogliano loro mostrar la cabbala e liberarli dalla corruzione a cui sono per natura soggetti. Non è necessario che io più ne dica, perché tutta l'erudizione che l'Abbate di Villars astutamente affolla non è che ironia, e rivolta a far sentir l'estrema pazzia di coloro che realizzarono queste idee poetiche degl'idolatri.

Il padre Mourgues a lungo ne tratta nel suo Piano teologico del Pittagorismo (Lettera IX, 1712) e tutta espone la dottrina di Iamblico, non il discepolo di Porfirio o l'altro che fiorì a' tempi di Traiano, ma il grande amico di Giuliano Apostata, e che non bisogna confondere cogli altri, come il Tillemont lo dimostra. Tutto il sistema del Conte di Gabalis, se si cangiano i nomi, è incluso nelle sette supposizioni allegate dal padre Mourgues.

Non conviene stupirsi della cecità degl'idolatri, ma bensì che degli uomini illuminati dal cristianesimo e dalla filosofia sensata abbiano realizzato tali follie. Il Flud n'era così invasato che ne scrisse molto nella sua *Filosofia mosaica* e negli altri libri, il Gassendo dottamente l'impugna e meritano di esser lette le riflessioni d'un sì grande uomo su queste chimere che derivano dalle mal interpretate allegorie degli Egizî e particolarmente di Mercurio Trismegisto, le opere del quale sono nel filosofico quel che le opere di Annio di Viterbo nello storico. Chi crederebbe però che il Wiston con tutta la sua filosofia e matematica neutoniana abbia adottato il sistema delle creature elementari e l'adopri a spiegare i fenomeni di fisica che l'imbarazzano, come l'*Aurora boreale*? »

(Antonio Conti, «*Il Riccio Rapito*» di Alexander Pope, 1751.)

L'OPINIONE DI ALGAROTTI

« Il giudizio ch'ella reca di Pope è giustissimo. Egli pecca di troppo sangue... Non dà tempo al lettore, non gli dà sosta, ammonzicchia pensieri sopra pensieri, immagini sopra immagini. Le sue poesie, massimamente le giovanili, rassomigliano a quelle architetture, in cui tutti i membretti sono intagliati, senza che tra mezzo ve ne sia niuno di netto, dove l'occhio riposi. E la antitesi, figura bellissima per sé, quando nasce dal soggetto, ed è sobriamente usata, ingenera talvolta appresso di lui non poco di sazietà.

Conviene però nelle sue opere giovanili fare una eccezione in grazia del *Riccio rapito*. Di tali difetti è monda quella leggiadrissima operetta. Lo spirito la vivifica, non la opprime; è un corpo ben nutrito, non pletorico, dirò così. Le deità che ha mescolate in quel poemetto, *the machinery*, sono talmente adattate al soggetto, che la fantasia del poeta trasporta il lettore in un mondo, dove tutte le proporzioni sono geometricamente serbate, non meno che nel *Gulliver* dello amico suo Swift.

Pare che la lingua medesima inglese vi sia più piana più dolce più armoniosa, prenda qualità, e color del soggetto. È molto superiore, e per l'invenzione e per ogni altro rispetto, al per altro gentil poemetto dell'altro suo amico Gay intitolato il Ventaglio.»

(Lettera di Francesco Algarotti al signor Agostino Paradisi - 4 ottobre 1759 in *Opere*, Venezia 1794, vol. X, pp. 13-14.)

GLI OGGETTI E LE INTENZIONI

«Introdusse Pope nel suo Poema Geni benefici e malefici, sogni, navigazioni, divinità, sacrifizi, giuochi, trasformazioni e battaglie. A tutto questo diede, con finissimo artifizio, un'aria della più seria importanza per meglio rilevare il comico-satirico che campeggia per tutto, e che vien reso più caro dalla vivacità delle immagini, dalla delicatezza delle illusioni, dal sapor degli scherzi, dalla giocondità dello stile. Quindi è che la lettura di quest'opera desta ora l'ammirazione, talor la sorpresa, sovente il riso, sempre il diletto. E siccome dal comico e dal satirico, con giudiziosa sagacia introdotto ed esposto, trapela sempre una fina morale, così il *Riccio Rapito* non manca neppure di un'utile istruzione.»

(G.V. Benini, in Arcadia Teofilo Sminteo, *Capi d'opera di Alessandro Pope*, 1804.)

UN CAPOLAVORO DI FILIGRANA

«È l'esemplare più squisito di lavoro in filigrana che sia mai stato inventato. Di proporzioni ammirabili, fatto di niente. "Tela più sottile Aracne non può tessere, né le fragili reti, che spesso ordite vediamo di arsa rugiada, non volano con più leggerezza..." Velo e lustrini d'argento. Una patina scintillante è conferita a qualsiasi oggetto, crema, pomata, biglietti amorosi, nei. Tutt'attorno alitano venticelli, languidi venticelli; — l'atmosfera è profumata d'affettazione. Una toletta è descritta con la solennità d'un altare innalzato alla dea della vanità, e la storia d'uno spillone d'argento è raccontata con tutta la pompa dell'araldica. Non si risparmiano fatiche, né profusioni ornamentali, né splendori dello stile poetico, per mettere in risalto cose minime. L'equilibrio tra l'ironia celata e la gravità esibita è così finemente misurato come l'equilibrio del potere in Europa. Il piccolo è trasformato in grande, e il grande in piccolo. Non si riesce a decidere se ridere o piangere. È il trionfo dell'insignificante, l'apoteosi della frivolezza e della stravaganza. È la perfezione dell'eroicomico.»

(W. Hazlitt, *Lectures on the English Poets*, IV, 1818-19.)

POPE E PARINI

«Né meglio si può accostare il *Ricciolo* al *Giorno* del nostro Parini, nei cui vigorosi endecasillabi, pur squisitamente modulati, sentiamo martellare implacabile una coscienza morale battagliera e violenta, uno spirito satirico sanguinoso e sferzante che fa presentire l'alfieriano furore. Se entrambi cantano ironicamente una società che sta per tramontare, domina nel Parini il tono della riprovazione, della condanna, mentre il Pope rappresenta le debolezze e le follie del suo tempo con un'ironia comprensiva, tra divertita e accorata. Nessuna violenza, sia pur contenuta e velata, turba l'armoniosa fragilità del mondo di Belinda. Fragilità che, sotto la sua esteriore delicatezza, cela una fibra di ferro; nella sua apparente leggerezza, il gingillo è rigorosamente costruito; e un'austera disciplina espressiva forma il sostrato dell'incomparabile fluidità dei suoi distici.»

(A. Prospero, *Il poeta del razionalismo settecentesco Alessandro Pope*, 1943.)

LA GUERRA DEI SESSI

«In realtà, alla fine del poemetto, il poeta si rivolge alla sua eroina non come ad una vittima, ma come ad un'assassina:

> Dopo tutti gli assassinii del tuo occhio,
> dopo milioni di morti, quando tu stessa morrai...

In realtà, Belinda non desidera che il Barone (e i giovanotti in genere) agognino al suo ricciolo? Certamente non vuole conservarlo per sempre. Il poeta, naturalmente, simpatizza con il risentimento di Belinda per il modo in cui il Barone ottiene il ricciolo. Nella guerra dei sessi, egli deve blandirla e persuaderla a lasciarglielo prendere. La forza è decisamente ingiusta, mentre le blandizie sono giuste. Se è una buona guerriera acconsentirà che il giovane prenda il ricciolo, sebbene il ricciolo sia ancora attaccato alla sua testa — o detto scopertamente, acconsentirà a un onorevole matrimonio. Se è un'avversaria debole, concederà il ricciolo e se stessa senza stipulare i termini, e diventerà una donna perduta. Pope non nutre nessuna illusione sulla natura del gioco e non si stupirebbe certo di un'interpretazione naturalista delle convenzioni elaborate e cerimoniose con cui Belinda porta a compimento il compito naturale di trovarsi un compagno.

D'altra parte questo non significa che Pope sia ansioso di liberarsi delle convenzioni cerimoniose come di una pia frode. Non è l'anarchico romantico che vorrebbe abolire tutte le convenzioni perché artificiali. Le convenzioni non solo hanno una funzione regolatrice, ma hanno anche il loro fascino. Come le regole della partita a carte, in cui Belinda trionfa, possono essere a volta arbitrarie, ma rendono possibile il gioco e con questo la poesia e il fasto che essa comporta e di cui Pope è ovviamente compiaciuto.

Anche la partita a carte, naturalmente, è simbolo della guerra tra i sessi. Belinda deve sconfiggere gli uomini, deve evitare la sconfitta in cui "Il fante di Quadri tenta le sue ingannevoli arti, e vince (oh vergognoso caso!) la regina di Cuori". Deve evitare, non c'è dubbio, ad ogni costo di diventare una donna perduta. Durante la partita vi è un momento in cui è proprio nelle fauci della rovina... e prova un brivido di deliziosa eccitazione trovandosi in situazione tanto precaria.

Se il lettore obietta che quest'ultima osservazione suggerisce un'interpretazione sessuale troppo ovvia della partita a carte, va subito detto che un diffuso simbolismo sessuale dà forma non solo alla descrizione della partita, ma quasi ad ogni elemento del poemetto, anche se, lo ripetiamo, la nostra tradizione dell'aut-aut può impedirci di comprendere ciò che Pope sta facendo. Non siamo obbligati a considerare il poema *o* come maliziosa oscenità *o* come piacevole fantasia. Ma se vogliamo renderci conto del modo in cui Pope tratta veramente il problema, dovremo essere sensibili alle allusioni sessuali che esso contiene. Sono perfettamente evidenti persino nel titolo...»

(Cleanth Brooks, «The Case of Miss Arabella Fermor» in *The Well-Wrought Urn. Studies in the Structure of Poetry*, 1947.)

LA PARTITA A CARTE

«Con questo poemetto giovanile di Pope, *The Rape of the Lock*, il più drammatico e completo della sua carriera, continuamente mosso, la difficoltà del critico sta nel trovare parole non troppo pesanti per lodare l'arabesco radioso del senso. Il tono è quello appreso alla scuola didattica e satirica del *Tatler* e dello *Spectator* diretto contro la morale e il gusto del bel sesso. Il "puro wit" (*merum sal*) che Addison gli riconobbe, le "inesplicabili bellezze" delle quali Berkeley scrisse al Pope, il "trionfo dell'insignificante" lodato un secolo dopo da Hazlitt, sono allusioni etiche e "scherzi con il fuoco". Quanto si possa indulgere in poesia alle chimere (in che misura appaiono o meritano d'essere tenute per vere, in che misura sono accettate dalla tradizione, come i fauni e le fate) fu una delicata questione critica del Seicento, trattata anche in *Essay upon Unnatural Flights in Poetry* di George Granville, amico di Pope. *The Rape of the Lock* è un "labirinto della fantasia" nel senso che è una storia splendidamente ricamata, piena di scene, come l'orazione miltonica di Ariele ai silfi, la discesa di Umbriele nella grotta spenseriana di Malinconia, la battaglia omerica tra stecche di balena e spilloni, il limbo ariostesco della vanità, ove si fondono senza residui l'intreccio letterario, l'allegoria epica e il racconto fiabesco. I silfi rosacrociani e le belle e i galanti in armi sono parti opposte di uno spettro sfumato che va dall'immaginazione fiabesca alla realtà, in maniera tanto delicata che in questa sopravvivono le libertà più fantasiose e dorate. Il tono eroicomico o di burlesco colto — tutto quel che è piccolo è ironicamente esaltato — non dipende tanto dalla fantasia pittorica quanto dalla sofisticata realtà del salotto e dagli echi d'una tradizione nobile e grandiosa: lo scettro di Agamennone e la pira funeraria di Didone, "Troni, dominazioni, principati, virtù, potestà". La cornice epica è uno stratagemma critico doppiamente riuscito perché è anche una maniera di proteggere il salotto dalla realtà che per una volta fa capolino, trucemente, da lontano, quando "i miserabili sono impiccati, la giuria va a pranzo". La raffinatezza sta nell'equilibrio tra affetto e satira. Un dolce riverbero illumina l'eroina e il suo ambiente. Lo scherzo, come nella lettera prefatoria di Pope all'eroina reale, Miss Arabella Fermor, è galante. "Se questo poema avesse tante grazie quante ve ne sono nella vostra persona, o nell'anima vostra, neanche allora potrei sperare che la metà del mondo lo reputasse esente da censura, come voi." Le immagini caratteristiche sono la luce argentea (proveniente da una lampada, un vaso, una moneta d'argento), profumi arabi, aroma del caffè e del cioccolato. La retorica caratteristica è lo scherzoso abbassamento di mariti e cagnolini menzionati in un sol fiato, di cuori e collane, di castità e porcellana in pezzi. Se il metodo burlesco del poema è quello del *Lutrin* di Boileau e del grottesco *Dispensary* di Garth, il tema è caro allo spirito più raffinato della commedia, del *Misanthrope* di Molière, del *Way of the World* di Congreve, dell'*Egoist* di Meredith — la guerra dei sessi, la delicatezza del corteggiamento pre-maritale, complicati e distorti dalle esigenze della vanità mondana.

Fu uno tra i tanti miracoli della carriera di Pope che gli riuscisse — malgrado il consiglio di Addison — di aggiungere la macchina dei silfi e lo speciale, coloratissimo episodio della partita a *ombre*, senza rovinare il poemetto. La partita funziona bene, e oltre all'interesse in sé e per sé, conferisce slancio al tutto. Pope sfrutta le caratteristiche pittoriche delle carte per renderle tecnicamente accettabili e immaginativamente significanti nel tessuto linguistico, "multicolore" e "scintillante". Le sue carte di corte rispondono alle esigenze di riconoscimento realistico e al tempo stesso, come vere carte da gioco, specialmente le carte del tempo a figura piena, sono personaggi umani e simbolici: l'amazzone di picche, il nero tiranno di fiori, ostinato e pomposo, il ricamato re, e la fulgente regina di quadri.

Il Fante di Quadri tenta le sue ingannevoli arti,
e vince (oh vergognoso caso!) la Regina di Cuori.

Belinda impallidisce e trema di fronte alla rovina impellente. E il momento successivo esulta in trionfo — ahimè quanto precario! Con quanta complicità del fato, malgrado tutta la sua abilità! E qui si prefigura la vera caduta. Poiché il fato può riprendersi quanto concede. Il Barone ha altre armi — la splendente *Forfex* — e se perde la mano a *ombre*, vince però il canto. La partita a *ombre* si espande e si riverbera delicatamente sull'intero poemetto. L'episodio è un microcosmo del tutto, l'epitome riflessiva del combattimento che è il suo tema.»

(William K. Wimsatt Jr., *A. Pope, Selected Poetry and Prose*, «Introduction», 1951, pp. 36-38.)

I LIVELLI SEMANTICI

«L'azione del *Rape of the Lock* ha molti livelli di complessità. Il livello superficiale è semplicemente la narrazione d'una giornata di Belinda: si desta, si acconcia per sedurre, si fa trasportare sul Tamigi fino a Hampton Court, vince il Barone a *ombre*, esulta con troppa sicumera e quindi subisce un aristotelico rovesciamento di fortuna allorché perde il ricciolo, grida, va in collera, riceve saggi consigli da Clarissa ma si rifiuta di accettarli, e alla fine partecipa al sentimento generale di civile indignazione con cui finisce il poema. Lo svolgimento della giornata di Belinda è scandito dai successivi riferimenti al sole, l'ultimo (V, 147) suggerisce un'implicita relazione tra il modello della sua giornata e quello della vita umana.

Un secondo livello dell'azione tratta della guerra dei sessi. Riconosciamo a questo punto che il titolo del *Rape* possiede oltre a un significato figurativo, anche un possibile significato letterale, e che il poema si riferisce alle elaborate forme correlate al corteggiamento dell'uomo nei confronti della donna. Belinda arma la sua bellezza per uno scontro il cui scopo non è sconfiggere il nemico, ma cedergli — alle condizioni che a lei convengono. Usando la forza, il Barone viola le leggi del gioco. Ma d'altra parte, come Clarissa saggiamente sottolinea, Belinda non dovrebbe dichiararsi ignara e offesa dallo scopo del gioco: "colei che disprezza l'uomo, muore vergine".

A un terzo livello il movimento del poema è psicologico. Prima vediamo Belinda spensierata, ossia circondata dall'influsso dei silfi (le sue civetterie verginali), il cui potere protettivo dipende dal fatto che essa rimanga così senza pensiero alcuno. Al momento critico, comunque, i silfi sono incapaci di salvare il ricciolo perché le emozioni di Belinda sono state risvegliate: un amante terrestre si nasconde nel suo cuore, e come conseguenza il ricciolo della castità è perduto. Questo è lo scopo per cui esistono i rituali del corteggiamento e Belinda si dimostra *prude* quando esibisce tanto orrore per l'incidente. Ai fini della rappresentazione il silfo Ariele è ora sostituito dallo gnomo Umbrielo — essendo gli gnomi reincarnazioni di donne che furono *prude*. È Umbrielo che scende nella buia caverna della nevrosi, la Grotta della Malinconia, ritorna carico di rancori che sono per lo più finti, e presiede "dall'alto di una lampada" alla rissa dell'ultimo canto, causata da Affettazione. La natura di Affettazione è chiarita nel discorso di Talestre (IV, 95 passim), dove l'atteggiamento di innocente oltraggiata che Belinda dovrebbe adottare, si fonda su una confusione di valori. "Onore" nel vocabolario di Talestre non significa la realtà della castità, ma la reputazione. Nell'interesse della reputazione, essa è pronta, se necessario, a sacrificare la realtà stessa: "Onore non voglia! Al cui altare impareggiabile agio, piacere, virtù, tutto il nostro sesso sacrifica". Il distico finale di Belinda in questo canto dimostra che anche lei ha cominciato a privilegiare le apparenze.

Il livello semantico finale riguarda la satira sociale che costituisce lo sfondo del poema. Il tema è di nuovo la confusione dei valori, ma su scala più ampia. Pope rappresenta con affetto le assurdità del bel mondo, con un occhio alle delicate bellezze che le sue grazie migliori dispiegano. Ma non ci permette mai di dimenticare che è anche un mondo in cui i giudizi etici si trovano in deplorevole disordine. »

(M. Mack, « Mock-heroic in *The Rape of the Lock* », 1950.)

UN RICCIOLO ROCOCÒ

« Il tema stesso del *Riccio Rapito*, un'arricciata ciocca di capelli, sembra condensare in un simbolo l'essenza d'un intero secolo rococò: per un'inversa metamorfosi il riccio, simbolo del rococò, si umanizza in una creatura femminile [...] Il rococò rende assurdo in partenza ogni tentativo d'una spiegazione pitagorica del suo spazio: non v'è nulla che possa tradursi in termini di geometria. È uno stile femminile, talmente femminile che la sua figura principale, la conchiglia, con la sua accogliente concavità, suggerisce esattamente quel che Verlaine vide in una delle conchiglie quando scrisse: "Mais un, entre autres, me troubla" (*Les coquillages*, in *Fêtes galantes*). Le decorazioni interne rococò fan pensare agli ornamenti sulle vesti femminili, e tale carattere persistette pure nel primo periodo della decorazione neoclassica, ché Horace Walpole disse degli Adelphi Buildings di Robert Adam: "Che cosa sono gli Adelphi Buildings? magazzini con merletti lungo le cuciture, come la ganza d'un soldato che abbia adattato una vecchia casacca di reggimento". Si sarebbe quasi tentati di paragonare la successione di stili dal Rinascimento al barocco e al rococò a uno spostarsi graduale d'attenzione alle varie parti del corpo d'una donna dalla testa e dalle spalle alla vita e ai fianchi e finalmente alle parti più basse. La ragione trova scarso nutrimento nel rococò, ma la fantasia, al contrario, ci sguazza. »

(M. Praz, *Mnemosine. Parallelo tra la letteratura e le arti visive*, 1971, p. 153.)

LA RIDUZIONE SCALARE

« Se l'effetto predominante del *Rape* è la percezione di un contrasto degradante fra la qualità del tono e dello stile e la scena rappresentata, usualmente circoscritto nella formula dello stile aulico che declama la più frivola scena, in realtà il meccanismo dell'eroicomico ha un suo complesso funzionamento, asse del quale è la riproduzione in scala, sia per eccesso sia per difetto, della narrazione epica. Le due prospettive della magnificazione o dell'ingrandimento e della degradazione o del rimpicciolimento diventano comicamente efficienti nel rovesciamento dei termini: ciò che è minuscolo, frivolo, volgare, diventa grandioso, aulico, eroico e viceversa. Ed è necessario accennare in via preliminare a una sorta di dialogo infratestuale o di lettura divaricata, e nella quale il lettore si trova ad operare, instaurata dalle due prospettive delle similitudini e dei contrasti espansi. Nella sublimazione di un testo si legge la degradazione di un altro, così come ogni immagine contiene in sé o allude al suo rovescio dimensionale. La stessa struttura narrativa di *The Rape of the Lock*, così ossequiente alle regole del poema epico, o la finale, siderea ascesa del "ricciolo" come apoteosi sulla falsariga di quella di Romolo, funzionano per il lettore come similitudini alla rovescia, paragoni infratestuali senza equivalenza, tali da istituire una vera e propria bisociazione continua nel campo di lettura.

Una costante alterazione dimensionale permea i singoli particolari. Nella toilette di Belinda l'Oriente favoloso delle spezie e dei profumi, dei miti e dei mostri, è compresso in ridottissima scala nel semplice nominalismo degli oggetti, così come gli oggetti più minuti e insignificanti sono magnificati tramite il veicolo metaforico epico-araldico. Le armi cosmetiche di cui Belinda si cinge, quale eroina da epopea, "di beltà terribile", sono degradate nel loro esotismo al rango di strumenti servili, per essere poi rovesciate nella metamorfosi bellica delle "truppe splendenti". In analoga scena antologizzata nel *Peri Bathous* è il procedimento metonimico ad elevare a livello di *continuum* aulico metaforico gli addetti strumentali del *maquillage* tramite la creazione di un demiurgico e farsesco linguaggio della moda. La stessa tecnica pervasiva della miniaturizzazione in *The Rape of the Lock* è costantemente memore dell'avvertimento del *Peri Bathous* che, sul registro dell' "ut pictura poesis", invita il poeta a imitare la capziosità dei pittori fiamminghi. Procedimento che, al di là dell'aggraziato microcosmo popiano, coinvolge i principi del rovesciamento, dell'aberrazione grottesca (la parte "sbagliata" del cannocchiale) e della dislocazione.

Il grado ironico della riduzione scalare è rappresentato con la massima efficacia nella partita a carte di Belinda. Come in uno specchio concavo la partita riflette in miniatura il combattimento amoroso del poema. Lo stesso linguaggio cifrato del gioco delle carte, così scopertamente mutuato da quello bellico-erotico, nonché l'iconicità erotica dei segni e dei colori, costituiscono l'emblematica riduzione scalare dei rapporti dei giocatori. Non solo, ma il carattere riduttivo dell'episodio, del gioco nel gioco o della schermaglia ludica nella più ampia tela dell'epos, funziona come rovesciamento della scena, perché proprio nelle regole della partita di cui re, regine, fanti in miniatura sono muti schermidori, è l'unica sopravvivenza delle antiche virtù eroiche e del loro codice formale, complesso e inalterabile.»

(A. Brilli, *Retorica della satira*, 1973, pp. 90-92.)

BIBLIOGRAFIA ESSENZIALE

LE OPERE

L'edizione definitiva dell'opera poetica di Pope è la *Twickenham Edition of the Poems of A.P.*, curatore generale John Butt, 11 voll. Methuen 1939-69. Il secondo volume a cura di G. Tillotson, *The Rape of the Lock and Other Poems*, 1966 (1940) è il testo qui ristampato e su cui è stata condotta la traduzione. Ottime edizioni in un volume della poesia, si debbono a J. Butt, *The Poems of A.P.*, Methuen 1963 e a H. Davis, *Poetical Works*, Oxford 1965.

Gli scritti in prosa del primo periodo sono stati raccolti in *The Prose Works of A.P.*, a cura di N. Ault, Blackwell 1936. L'edizione delle lettere è a cura di G. Sherburn, *The Correspondence of A.P.*, 5 voll., Clarendon Press 1956. Frammenti della conversazione di Pope furono trascritti dall'amico Joseph Spence, *Observations, Anecdotes and Characters of Books and Men*, a cura di J. Osborn, 2 voll., Clarendon Press 1966.

BIOGRAFIE

La migliore biografia breve è ancora quella del dottor Johnson in *Lives of the English Poets*, 1779-81. Si veda anche G. Sherburn, *Early Career of A.P.*, Clarendon Press 1934; R.W. Rogers, *The Major Satires of A.P.*,

University of Illinois Press 1955; Bonamy Dobrée, *A.P.*, Sylvan Press 1951, Oxford 1963; M.H. Nicolson-G.S. Rousseau, *This Long Disease, My Life*, Princeton 1968; P. Quenell, *A.P.: The Education of Genius*, Weinfeld & Nicholson 1968; Pat Rogers, *An Introduction to P.*, Methuen 1975; Howard Erskine-Hill, *The Social Milieu of A.P.*, Yale U.P. 1975; M.R. Brownell, *A.P. and the Arts of Georgean England*, Clarendon Press 1978.

CRITICA

Maynard Mack, « Wit and Poetry and P. », in *Eighteenth-Century English Literature*, a cura di J.L. Clifford, Oxford 1959; G. Tillotson, *On the Poetry of P.*, Clarendon Press 1938; G. Wilson Knight, *Laureate of Peace. On the Genius of A.P.*, Routledge and Kegan Paul 1954; Reuben Brower, *A.P.: The Poetry of Allusion*, Clarendon Press 1959; Thomas R. Edwards, *This Dark Estate: A Reading of P.*, University of California Press 1963; Maynard Mack, *The Garden and the City*, Oxford 1970; P. Spacks, *An Argument of Images: The Poetry of A.P.*, Cambridge, Mass. 1971; H.A. Mason, *To Homer through P.*, Chatto & Windus 1972; A. Brilli, *Retorica della satira*, il Mulino 1973; F.M. Keener, *An Essay on P.*, Columbia U.P. 1974; D.H. Griffin, *A.P. The Poet in the Poems*, Princeton 1978; G. Sutherland Fraser, *A.P.*, Routledge and Kegan Paul 1978.

THE RAPE OF THE LOCK

L'edizione 1714 è stata ristampata dalla Scolar Press 1970. Oltre l'edizione del Tillotson già citata (ristampata anche nei Methuen's English Classics), merita d'essere menzionata quella di J.S. Cunningham, *P.: The Rape of the Lock*, Edward Arnold 1961 e la prefazione di William K. Wimsatt, Jr., *A.P. Selected Poetry and Prose*, Holt,

Rinehart and Winston 1964; dello stesso autore, *The Verbal Icon, Studies in the Meaning of Poetry*, The Noonday Press 1954 e «Belinda ludens», *Poétique*, 10 (1972) pp. 137-52. Tra i saggi più importanti, si veda Cleanth Brooks, «The Case of Miss Arabella Fermor: A Re-examination», riportato in *Essential Articles for the Study of A.P.*, a cura di Maynard Mack, Hamden, Connecticut 1964, p. 237; W. Frost, «*The Rape of the Lock* and Pope's Homer» (ib. p. 256); A. Williams, «The Fall of China and *The Rape of the Lock*» (ib. p. 274); A. Warren, «*The Rape of the Lock* as Burlesque» (riportato in *Critics on P.*, a cura di J. O'Neill, Allen & Unwin, 1968, p. 81); Ian Jack, «The Rape of the Lock» (ib. p. 79); l'intero vol. della Casebook Series, *A.P. The Rape of the Lock*, a cura di J. Dixon Hunt, Macmillan 1968; J. Sambrook, «P. and the Visual Arts» in *A.P.*, a cura di Peter Dixon, G. Bell & Sons 1972, p. 143; G. Galigani, *Il «Rape of the Lock» del P.; quattro voci in contrappunto*, Giardini Editori 1976; R. Grove, «Uniting Airy Substance: *The Rape of the Lock 1712-1736*», in *The Art of A.P.*, a cura di H. Erskine-Hill and A. Smith, Vision Press 1979; R. Halsband, *«The Rape of the Lock» and its Illustrations 1714-1896*, Clarendon Press 1980.

La migliore versione italiana del *Rape* è ancora quella di Antonio Conti (Venezia 1756), ristampata e commentata da G. Gronda (A. Conti, *Versioni poetiche*, Laterza 1966). Si veda anche G. Gronda, «Conti e l'Inghilterra», in *English Miscellany*, 15 (1964), p. 135; G. Lenta, *P. in Italia e il Ricciolo Rapito. Testo inglese con la traduzione a fronte*, Le Monnier 1931; P. Colaiacomo, *A.P. Selected Poems*, Adriatica 1971 (testo inglese con note e ampia introduzione).

Il sogno

I nove disegni di Aubrey Beardsley sono riprodotti da *The Rape of the Lock*, pubblicato da John Lane nel 1896.

Il Billet-doux

La toletta

La preghiera del Barone

La barca

Il rapimento del ricciolo

La grotta di Malinconia

La battaglia tra Beaux e Belles

La nuova stella

IL RICCIO RAPITO
POEMA EROICOMICO IN CINQUE CANTI

[THE RAPE OF THE LOCK
AN HEROI-COMICAL POEM IN FIVE CANTO'S]

Nolueram, Belinda, tuos violare capillos,
Sed juvat hoc precibus me tribuisse tuis.

MARZIALE [1]

[1] L'epigrafe è presa dagli *Epigrammi*, XII, 84, e il nome di Belinda sostituisce quello di «Polytimus». «Non volevo, Belinda, violare le tue chiome, ma sono lieto di offrire questo alle tue preghiere.»

To Mrs. Arabella Fermor

Madam,

It will be in vain to deny that I have some Regard for this Piece, since I Dedicate it to You. Yet You may bear me Witness, it was intended only to divert a few young Ladies, who have good Sense and good Humour enough, to laugh not only at their Sex's little unguarded Follies, but at their own. But as it was communicated with the Air of a Secret, it soon found its Way into the World. An imperfect Copy having been offer'd to a Bookseller, You had the Good-Nature for my Sake to consent to the Publication of one more correct: This I was forc'd to before I had executed half my Design, for the *Machinery* was entirely wanting to compleat it.

The *Machinery*, Madam, is a Term invented by the Criticks, to signify that Part which the Deities, Angels, or Daemons, are made to act in a Poem: For the ancient Poets are in one respect like many modern Ladies; Let an Action be never so trivial in it self, they always make it appear of the utmost Importance. These Machines I determin'd to raise on a very new and odd Foundation, the *Rosicrucian* Doctrine of Spirits.

Alla signora Arabella Fermor

Signora,

sarebbe inutile negare d'avere in qualche stima questa operetta, dal momento che ve la dedico. Voi potete anche testimoniare che era destinata unicamente al divertimento di certe giovani donne così piene di buonsenso e di buonumore da ridere non solo delle piccole follie del loro sesso, ma anche delle proprie. Essendo stata diffusa con l'aria d'un segreto, immediatamente si fece strada nel mondo. Una copia imperfetta era stata consegnata al libraio e voi aveste la bontà, per amor mio, di consentire alla pubblicazione di una più corretta. Ero stato convinto a consegnarla prima d'aver eseguito la metà del mio progetto: mancava infatti per completarlo tutta la macchina.

La macchina, signora, è un termine inventato dai critici a significare quella parte che in un poema è assegnata alle divinità, agli angeli o ai demoni. Gli antichi poeti, infatti, sono per un certo riguardo come molte signore moderne: non importa quanto triviale sia un fatto in se stesso, essi riescono sempre a farlo sembrare della massima importanza. Questa macchina decisi di innalzarla su un nuovo e curioso fondamento, il credo rosacrociano degli spiriti.[1]

[1] *Le Comte de Gabalis*, dell'Abbé de Montfaucon de Villars, 1670, era stato tradotto in inglese nel 1680 e di nuovo dopo l'edizione 1714 del *Rape*. Si veda anche sopra, pp. 29-31 la descrizione del Conti, e lo studio recente di F.A. Yates, *The Rosicrucian Enlightenment*, Routledge and Kegan Paul, 1972.

I know how disagreeable it is to make use of hard Words before a Lady; but 'tis so much the Concern of a Poet to have his Works understood, and particularly by your Sex, that You must give me leave to explain two or three difficult Terms.

The *Rosicrucians* are a People I must bring You acquainted with. The best Account I know of them is in a French Book call'd *Le Comte de Gabalis*, which both in its Title and Size is so like a *Novel*, that many of the Fair Sex have read it for one by Mistake. According to these Gentlemen, the four Elements are inhabited by Spirits, which they call *Sylphs*, *Gnomes*, *Nymphs*, and *Salamanders*. The *Gnomes*, or Daemons of Earth, delight in Mischief; but the *Sylphs*, whose Habitation is in the Air, are the best-condition'd Creatures imaginable. For they say, any Mortals may enjoy the most intimate Familiarities with these gentle Spirits, upon a Condition very easie to all true *Adepts*, an inviolate Preservation of Chastity.

As to the following Canto's, all the Passages of them are as Fabulous, as the Vision at the Beginning, or the Transformation at the End; (except the Loss of your Hair, which I always mention with Reverence). The Human Persons are as Fictitious as the Airy ones; and the Character of *Belinda*, as it is now manag'd, resembles You in nothing but in Beauty.

If this Poem had as many Graces as there are in Your Person, or in Your Mind, yet I could never hope it should pass thro' the World half so Uncensured as You have done. But let its Fortune be what it will, mine is happy enough, to have given me this Occasion of assuring You that I am, with the truest Esteem,

Madam,

Your Most Obedient Humble Servant

A. POPE

So quanto è sgradevole usare parole difficili in presenza d'una signora, ma per un poeta è così importante far capire le sue opere, in special modo al vostro sesso, che mi dovete permettere di spiegarne ancora due o tre.

I rosacrociani sono gente che vi farò conoscere. Il miglior resoconto su di loro, a me noto, si trova in un libro francese, *Le Comte de Gabalis*, per titolo e mole assai simile a un romanzo, e infatti molte appartenenti al bel sesso lo hanno letto per errore. Secondo questi gentiluomini i quattro elementi sono abitati da spiriti, da essi chiamati silfi, gnomi, ninfe e salamandre. Gli gnomi, o demoni della terra, si dilettano di cattiverie, ma i silfi, abitanti dell'aria, sono le creature più amabili che si possano immaginare. Poiché, dicono, ogni mortale può conoscere con questi spiriti gentili le più intime familiarità, rispettando una condizione assai facile ai veri adepti, la preservazione inviolata della castità.

Quanto ai seguenti canti, non v'è passo che non sia di fantasia, come la visione all'inizio e la metamorfosi alla fine (eccetto la perdita dei vostri capelli che nomino sempre con rispetto). Le persone umane sono fittizie quanto quelle d'aria, e il personaggio di Belinda,[2] come ora è trattato, in null'altro vi assomiglia che per la bellezza.

Se questo poema avesse tante grazie quante ve ne sono nella vostra persona, o nell'anima vostra, neanche allora potrei sperare che la metà del mondo lo reputasse, come voi, esente da censura. Ma la sua fortuna sia quel che sia, la mia è felice a sufficienza da concedermi l'occasione di assicurarvi d'essere, con stima sincerissima,

Signora,
il vostro obbedientissimo umilissimo servitore

A. POPE

[2] Il nome di Belinda coincide parzialmente con « Belle », forma abbreviata di Arabella. Belinda e la cameriera Betty figurano anche nella commedia di Congreve, *The Old Bachelor* (1693).

CANTO I

What dire Offence from am'rous Causes springs,
What mighty Contests rise from trivial Things,
I sing—This Verse to *Caryll*, Muse! is due;
This, ev'n *Belinda* may vouchsafe to view:
Slight is the Subject, but not so the Praise,
If She inspire, and He approve my Lays.
Say what strange Motive, Goddess! cou'd compel
A well-bred *Lord* t'assault a gentle *Belle*?
Oh say what stranger Cause, yet unexplor'd,
Cou'd make a gentle *Belle* reject a *Lord*?
In Tasks so bold, can Little Men engage,
And in soft Bosoms dwells such mighty Rage?
Sol thro' white Curtains shot a tim'rous Ray,
And op'd those Eyes that must eclipse the Day;
Now Lapdogs give themselves the rowzing Shake,
And sleepless Lovers, just at Twelve, awake:
Thrice rung the Bell, the Slipper knock'd the Ground,
And the press'd Watch return'd a silver Sound.
Belinda still her downy Pillow prest,
Her Guardian *Sylph* prolong'd the balmy Rest.
'Twas he had summon'd to her silent Bed
The Morning-Dream that hover'd o'er her Head.
A Youth more glitt'ring than a *Birth-night Beau*,
(That ev'n in Slumber caus'd her Cheek to glow)
Seem'd to her Ear his winning Lips to lay,
And thus in Whispers said, or seem'd to say.

CANTO I

Quale fiera offesa da amorose cause origini,
quali vaste contese da inette cose sorgano,
io canto. Queste rime, o Musa, son dovute a Caryll;
queste, anche Belinda degni d'uno sguardo:
esile è l'argomento, ma non così la lode,
se lei m'ispira e lui gradisce il canto.
Narra, o dea! quale bizzarro motivo indusse
un cortese *Lord* ad aggredire una *Belle* gentile?
Oh narra quale causa, ancor più bizzarra e ignota,
istigò una *Belle* gentile a respingere un *Lord*?
Gesta tanto audaci intraprendono piccoli uomini,
in teneri petti dimora sì possente furia?
Tra bianche cortine Sole scoccò un timoroso raggio,
e aprì quegli occhi che eclissano il giorno;
ora i cagnolini si scrollano al risveglio,
e amanti insonni, a mezzogiorno in punto, si destano:
tre volte suonò la campana, la pantofola percosse il suolo,
l'oriolo, toccato, trillò argentino.
Belinda ancor premeva il piumoso guanciale,
il Silfo suo custode prolungava il dolce riposo.
Aveva, lui, chiamato al silenzioso letto
il sogno mattutino sospeso sul suo capo.
Un giovane splendente più d'un *Beau* in festa,
(persino in sonno le avvampò la guancia)
sembrava l'orecchio le sfiorasse con suadenti labbra,
e così sussurrando diceva, o le pareva:

Fairest of Mortals, thou distinguish'd Care
Of thousand bright Inhabitants of Air!
If e'er one Vision touch'd thy infant Thought,
Of all the Nurse and all the Priest have taught,
Of airy Elves by Moonlight Shadows seen,
The silver Token, and the circled Green,
Or Virgins visited by Angel-Pow'rs,
With Golden Crowns and Wreaths of heav'nly Flow'rs,
Hear and believe! thy own Importance know,
Nor bound thy narrow Views to Things below.
Some secret Truths from Learned Pride conceal'd,
To Maids alone and Children are reveal'd:
What tho' no Credit doubting Wits may give?
The Fair and Innocent shall still believe.
Know then, unnumber'd Spirits round thee fly,
The light *Militia* of the lower Sky;
These, tho' unseen, are ever on the Wing,
Hang o'er the *Box*, and hover round the *Ring*.
Think what an Equipage thou hast in Air,
And view with scorn *Two Pages* and a *Chair*.
As now your own, our Beings were of old,
And once inclos'd in Woman's beauteous Mold;
Thence, by a soft Transition, we repair
From earthly Vehicles to these of Air.
Think not, when Woman's transient Breath is fled,
That all her Vanities at once are dead:
Succeeding Vanities she still regards,
And tho' she plays no more, o'erlooks the Cards.
Her Joy in gilded Chariots, when alive,
And Love of *Ombre*, after Death survive.
For when the Fair in all their Pride expire,
To their first Elements their Souls retire:
The Sprights of fiery Termagants in Flame
Mount up, and take a *Salamander's* Name.
Soft yielding Minds to Water glide away,
And sip with *Nymphs*, their Elemental Tea.

Bellissima tra le mortali, tu delicata cura
di mille scintillanti abitanti dell'aria!
Se mai sfiorò il tuo pensiero infante una visione,
fra quante s'apprendono da nutrici e preti,
di elfi aerei, scorti tra luci ed ombre della luna,
il pegno d'argento, il cerchio d'erba,
o le vergini visitate da potenze angeliche,
incoronate d'oro e inghirlandate di celesti fiori,
ascolta e credimi! il tuo valore sappi,
né limitare alle cose di quaggiù, umile, le tue mire.
Segrete verità celate al dotto orgoglio,
si svelano alle vergini solo e ai fanciulli:
che importa se dubbiosi sapienti non prestano fede?
Sempre ci crederanno le belle e gli innocenti.
Sappi, dunque: spiriti innumerevoli volano a te d'intorno,
l'agile milizia del cielo inferiore;
questi, benché invisibili, sono sempre in volo,
pendono sul palco, si librano sul *Ring*.
Pensa a quale equipaggio possiedi nell'aria,
e con sprezzo mira due paggi e una portantina.
Come ora tu sei, un tempo noi eravamo,
racchiusi in leggiadra forma femminea;
quindi, con facile transito, passiamo
dai terrestri veicoli a questi fatti d'aria.
Non credere, quando s'invola un fiato effimero di donna,
che le sue vanità all'istante siano morte:
ulteriori vanità ella ancora contempla,
e benché più non giochi, spia le carte.
Gioia per le dorate carrozze, quand'era in vita,
e amore per l'*Ombre*, sopravvivono alla morte.
Poiché quando le belle in gran pompa spirano,
agli elementi primi l'anima ritorna:
gli spiriti di ardenti virago in fiamme
ascendono, e hanno nome di Salamandre.
Gli animi teneramente docili all'acqua scivolano,
e con le ninfe il tè sorseggiano, loro elemento.

The graver Prude sinks downward to a *Gnome*,
In search of Mischief still on Earth to roam.
The light Coquettes in *Sylphs* aloft repair,
And sport and flutter in the Fields of Air.
Know farther yet; Whoever fair and chaste
Rejects Mankind, is by some *Sylph* embrac'd:
For Spirits, freed from mortal Laws, with ease
Assume what Sexes and what Shapes they please.
What guards the Purity of melting Maids,
In Courtly Balls, and Midnight Masquerades,
Safe from the treach'rous Friend, the daring Spark,
The Glance by Day, the Whisper in the Dark;
When kind Occasion prompts their warm Desires,
When Musick softens, and when Dancing fires?
'Tis but their *Sylph*, the wise Celestials know,
Tho' *Honour* is the Word with Men below.
Some Nymphs there are, too conscious of their Face,
For Life predestin'd to the *Gnomes'* Embrace.
These swell their Prospects and exalt their Pride,
When Offers are disdain'd, and Love deny'd.
Then gay Ideas crowd the vacant Brain;
While Peers and Dukes, and all their sweeping Train,
And Garters, Stars, and Coronets appear,
And in soft Sounds, *Your Grace* salutes their Ear.
'Tis these that early taint the Female Soul,
Instruct the Eyes of young *Coquettes* to roll,
Teach Infant-Cheeks a bidden Blush to know,
And little Hearts to flutter at a *Beau*.
Oft when the World imagine Women stray,
The *Sylphs* thro' mystick Mazes guide their Way,
Thro' all the giddy Circle they pursue,
And old Impertinence expel by new.
What tender Maid but must a Victim fall
To one Man's Treat, but for another's Ball?
When *Florio* speaks, what Virgin could withstand,
If gentle *Damon* did not squeeze her Hand?

La bigotta, più grave, sprofonda nello Gnomo,
e sempre a caccia di misfatti vaga sulla terra.
Le lievi *Coquettes* lassù nei Silfi riparano,
e scherzano e svolano nei campi dell'aria.
Sappi ancora. Chiunque bella e casta
respinge l'uomo, da un Silfo è abbracciata:
poiché gli spiriti, liberati da leggi mortali, con agio
assumono il sesso e la forma che gli aggrada.
Cosa difende la purezza di vergini languorose,
ai balli di corte, e alle mascherate di notte,
salve dall'amico traditore, dall'audace giovane,
dall'occhiata di giorno, dal sussurro al buio;
quando la grata occasione sollecita caldi desideri,
quando la musica scioglie, quando la danza infiamma?
È solo il Silfo, i celesti prudenti lo sanno,
sebbene sia Onore la parola per gli uomini quaggiù.
Ci sono ninfe, troppo orgogliose del loro volto,
predestinate per la vita all'abbraccio degli Gnomi.
Questi gonfiano le loro ambizioni, ne esaltano l'orgoglio,
quando le offerte sono sprezzate, e l'amore negato.
Allora frivole idee affollano la vacua mente;
mentre Pari e Duchi, e il maestoso seguito
appaiono, e Giarrettiere, Stelle e Corone,
e con dolce voce, *Vostra Grazia* lusinga il loro orecchio.
Sono questi a infettare precocemente l'anima femminile,
alle giovani *Coquettes* insegnano a occhieggiare,
un finto rossore apprendono a gote infantili,
e palpiti per un *Beau* a cuori bambini.
Spesso quando il mondo immagina smarrimenti di donne,
i Silfi per misteriosi labirinti le conducono,
entro il vertiginoso cerchio esse avanzano,
una vecchia impudenza con una nuova espellono.
Quale tenera fanciulla non sarà vittima
della cena di costui, se non per il ballo di quell'altro?
Quando Florio parla, quale vergine resisterebbe,
se il cortese Damone non le stringesse la mano?

With varying Vanities, from ev'ry Part,
They shift the moving Toyshop of their Heart;
Where Wigs with Wigs, with Sword-knots Sword-knots [strive,
Beaus banish Beaus, and Coaches Coaches drive.
This erring Mortals Levity may call,
Oh blind to Truth! the *Sylphs* contrive it all.
Of these am I, who thy Protection claim,
A watchful Sprite, and *Ariel* is my Name.
Late, as I rang'd the Crystal Wilds of Air,
In the clear Mirror of thy ruling *Star*
I saw, alas! some dread Event impend,
Ere to the Main this Morning Sun descend.
But Heav'n reveals not what, or how, or where:
Warn'd by thy *Sylph*, oh Pious Maid beware!
This to disclose is all thy Guardian can.
Beware of all, but most beware of Man!
He said; when *Shock*, who thought she slept too long,
Leapt up, and wak'd his Mistress with his Tongue.
'Twas then *Belinda*! if Report say true,
Thy Eyes first open'd on a *Billet-doux*;
Wounds, Charms, and *Ardors*, were no sooner read,
But all the Vision vanish'd from thy Head.
And now, unveil'd, the *Toilet* stands display'd,
Each Silver Vase in mystic Order laid.
First, rob'd in White, the Nymph intent adores
With Head uncover'd, the *Cosmetic* Pow'rs.
A heav'nly Image in the Glass appears,
To that she bends, to that her Eyes she rears;
Th'inferior Priestess, at her Altar's side,
Trembling, begins the sacred Rites of Pride.
Unnumber'd Treasures ope at once, and here
The various Off'rings of the World appear;
From each she nicely culls with curious Toil,
And decks the Goddess with the glitt'ring Spoil.
This Casket *India*'s glowing Gems unlocks,

Con cangianti vanità, da ogni parte,
muovono l'instabile trastullo del loro cuore;
dove si affrontano parrucca con parrucca, fiocco con
[fiocco,
un *Beau* scaccia un *Beau*, e un cocchio un altro cocchio.
Leggerezza i fallaci mortali la chiamano,
oh ciechi innanzi al Vero! i Silfi tutto dispongono.
Uno di questi son io, che intende proteggerti,
spirito custode, e Ariele è il mio nome.
Poco fa, scorrendo per i cristallini deserti dell'aria,
nel chiaro specchio della tua stella guida
vidi, ahimè! l'imminenza d'un evento spaventoso,
prima che in mare il sole di quest'oggi cali.
Ma il cielo non rivela cosa, come, dove:
ammonita dal Silfo, o pia vergine, in guardia!
svelarti questo solamente può il tuo guardiano.
Attenta a tutti, ma più attenta all'uomo!
Disse; quando *Shock* pensò che troppo ella dormiva,
saltò sù, e la sua lingua ridestò la dama.
Fu allora Belinda! se la Fama il vero dice,
che i primi sguardi apristi su un *Billet-doux*;
ferite, incanti, e ardori, non appena leggesti,
l'intera visione svanì dalla tua mente.
E ora, svelata, la toletta si mostra,
argentei vasi in misterioso ordine disposti.
Prima, in bianca veste, la ninfa intenta adora
a capo scoperto, i numi della cosmetica.
Celestiale immagine nello specchio appare,
a quella s'inchina, a quella alza lo sguardo;
la sacerdotessa minore, al lato dell'altare,
tremando, inizia i sacri riti dell'orgoglio.
Tesori innumerevoli s'aprono all'istante, e ivi
appaiono le variegate offerte del mondo;
da ognuna ella delicatamente sceglie con minuta cura,
e orna la dea con l'abbagliante spoglia.
Questo scrigno disserra le splendenti gemme dell'India,

And all *Arabia* breathes from yonder Box.
The Tortoise here and Elephant unite,
Transform'd to *Combs*, the speckled and the white.
Here Files of Pins extend their shining Rows,
Puffs, Powders, Patches, Bibles, Billet-doux.
Now awful Beauty puts on all its Arms;
The Fair each moment rises in her Charms,
Repairs her Smiles, awakens ev'ry Grace,
And calls forth all the Wonders of her Face;
Sees by Degrees a purer Blush arise,
And keener Lightnings quicken in her Eyes.
The busy *Sylphs* surround their darling Care;
These set the Head, and those divide the Hair,
Some fold the Sleeve, whilst others plait the Gown;
And *Betty*'s prais'd for Labours not her own.

e un'intera Arabia spira dalla scatola laggiù.
La tartaruga e l'elefante qui s'uniscono,
trasformati in pettini, maculati o candidi.
Qui file di spilli s'estendono in splendenti schiere,
piumini, ciprie, nei, Bibbie, *Billet-doux*.
Ora tremenda venustà cinge ogni arme;
la bella a ogni istante cresce d'incanti,
raggiusta i sorrisi, ridesta ogni grazia,
raduna le meraviglie tutte del suo volto;
vede per gradi divampare un rosso più puro,
e lampi più acuti le guizzano negli occhi.
I Silfi laboriosi circondano l'amata cura;
chi ordina l'acconciatura, chi sparte la chioma,
chi increspa la manica, chi piega la veste;
e Betty è lodata per fatiche non sue.

CANTO II

Not with more Glories, in th' Etherial Plain,
The Sun first rises o'er the purpled Main,
Than issuing forth, the Rival of his Beams
Lanch'd on the Bosom of the Silver *Thames*.
Fair Nymphs, and well-drest Youths around her shone,
But ev'ry Eye was fix'd on her alone.
On her white Breast a sparkling *Cross* she wore,
Which *Jews* might kiss, and Infidels adore.
Her lively Looks a sprightly Mind disclose,
Quick as her Eyes, and as unfix'd as those:
Favours to none, to all she Smiles extends,
Oft she rejects, but never once offends.
Bright as the Sun, her Eyes the Gazers strike,
And, like the Sun, they shine on all alike.
Yet graceful Ease, and Sweetness void of Pride,
Might hide her Faults, if *Belles* had Faults to hide:
If to her share some Female Errors fall,
Look on her Face, and you'll forget' em all.
This Nymph, to the Destruction of Mankind,
Nourish'd two Locks, which graceful hung behind
In equal Curls, and well conspir'd to deck
With shining Ringlets the smooth Iv'ry Neck.
Love in these Labyrinths his Slaves detains,
And mighty Hearts are held in slender Chains.
With hairy Sprindges we the Birds betray,
Slight Lines of Hair surprize the Finny Prey,

CANTO II

Non più glorioso, nell'eterea piana,
sorge primamente il sole sul violaceo mare,
di colei che avanza, rivale dei suoi raggi,
solcando il seno del Tamigi argenteo.
Belle ninfe e giovani benvestiti le splendevano attorno,
ma ogni occhio era fisso su lei sola.
Portava sul bianco petto una brillante croce,
un ebreo l'avrebbe baciata, un infedele adorata.
Il vivido aspetto rivela un animo pronto,
rapido come l'occhio e come quello inquieto:
favori a nessuno, a tutti i suoi sorrisi irradia,
spesso respinge, mai una volta offende.
Brillante quale sole, l'occhio colpisce chi lo guarda,
e, come il sole, splende su tutti uguale.
Elegante scioltezza, e dolcezza senza orgoglio,
ne nascondono i difetti, se difetti nascondono le *Belles*:
se in sorte le toccano errori femminili,
guardala in volto, li oblierai tutti.
Questa ninfa, per la rovina degli uomini,
coltivava due riccioli, graziosamente penduli sul dietro
in boccoli uguali, e ben cospiravano per ornare
con lucenti anella il levigato eburneo collo.
Amore in questi labirinti i suoi schiavi inserra,
e cuori potenti sono tenuti con sottili catene.
Con laccioli di crine insidiamo gli uccelli,
funicelle di capelli sorprendono la pinnata preda,

Fair Tresses Man's Imperial Race insnare,
And Beauty draws us with a single Hair.
Th' Adventrous *Baron* the bright Locks admir'd,
He saw, he wish'd, and to the Prize aspir'd:
Resolv'd to win, he meditates the way,
By Force to ravish, or by Fraud betray;
For when Success a Lover's Toil attends,
Few ask, if Fraud or Force attain'd his Ends.
For this, ere *Phœbus* rose, he had implor'd
Propitious Heav'n, and ev'ry Pow'r ador'd,
But chiefly *Love* — to *Love* an Altar built,
Of twelve vast *French* Romances, neatly gilt.
There lay three Garters, half a Pair of Gloves;
And all the Trophies of his former Loves.
With tender *Billet-doux* he lights the Pyre,
And breathes three am'rous Sighs to raise the Fire.
Then prostrate falls, and begs with ardent Eyes
Soon to obtain, and long possess the Prize:
The Pow'rs gave Ear, and granted half his Pray'r,
The rest, the Winds dispers'd in empty Air.
But now secure the painted Vessel glides,
The Sun-beams trembling on the floating Tydes,
While melting Musick steals upon the Sky,
And soften'd Sounds along the Waters die.
Smooth flow the Waves, the Zephyrs gently play,
Belinda smil'd, and all the World was gay.
All but the *Sylph* — With careful Thoughts opprest,
Th'impending Woe sate heavy on his Breast.
He summons strait his Denizens of Air;
The lucid Squadrons round the Sails repair:
Soft o'er the Shrouds Aerial Whispers breathe,
That seem'd but *Zephyrs* to the Train beneath.
Some to the Sun their Insect-Wings unfold,
Waft on the Breeze, or sink in Clouds of Gold.
Transparent Forms, too fine for mortal Sight,
Their fluid Bodies half dissolv'd in Light.

belle chiome irretiscono l'imperiale razza dell'uomo,
e bellezza ci trascina con un capello solo.
L'avventuroso Barone ammirò i riccioli splendenti,
vide, volle e al premio aspirò:
risoluto a vincere, studia il modo,
se rapire con forza, o ingannare con frode;
poiché quando il successo la fatica d'un amante premia,
pochi domandano, se con frode o con forza conseguì il fine.
Per questo, prima che Febo sorgesse, aveva implorato
cielo propizio, e adorato aveva ogni nume,
ma soprattutto Amore. Per Amore costruì un altare:
una dozzina di ampi romanzi francesi, rilegati in oro.
Ivi deposte erano tre giarrettiere, un guanto scompagnato;
e i trofei tutti dei passati amori.
Con amorosi *Billet-doux* accende la pira,
e tre volte sospira d'amore per eccitare la fiamma.
Indi prostrato cade, e supplica con occhio ardente
presto d'avere, e a lungo possedere il premio:
i numi ascoltarono, e per metà esaudirono la prece,
il resto, i venti lo dispersero per l'aere vuoto.
Ma ora tranquillo il dipinto vascello scivola,
i raggi del sole tremanti sull'ondeggiante flutto,
mentre pervade il cielo una struggente melodia,
e smorzati suoni sulle acque spirano.
Piane fluiscono le onde, gli zefiri scherzano gentili,
Belinda sorrideva, e tutto il mondo era in festa.
Eccetto il Silfo. Da gravi pensieri oppresso,
l'imminente sventura pesava sul suo petto.
Convoca subito gli abitanti dell'aria;
le lucenti squadre attorno alle vele s'adunano:
dolci sopra le sartie aerei bisbigli alitano,
che zefiri sembrano alla compagnia lì sotto.
Chi al sole le ali da insetto dispiega,
fluttua sulla brezza, o affonda in nubi d'oro.
Forme trasparenti, troppo sottili per l'umana vista,
fluidi corpi quasi nella luce sciolti.

Loose to the Wind their airy Garments flew,
Thin glitt'ring Textures of the filmy Dew;
Dipt in the richest Tincture of the Skies,
Where Light disports in ever-mingling Dies,
While ev'ry Beam new transient Colours flings,
Colours that change whene'er they wave their Wings.
Amid the Circle, on the gilded Mast,
Superior by the Head, was *Ariel* plac'd;
His Purple Pinions opening to the Sun,
He rais'd his Azure Wand, and thus begun.
   Ye *Sylphs* and *Sylphids*, to your Chief give Ear,
Fays, *Fairies*, *Genii*, *Elves*, and *Dæmons* hear!
Ye know the Spheres and various Tasks assign'd,
By Laws Eternal, to th' Aerial Kind.
Some in the Fields of purest *Æther* play,
And bask and whiten in the Blaze of Day.
Some guide the Course of wandring Orbs on high,
Or roll the Planets thro' the boundless Sky.
Some less refin'd, beneath the Moon's pale Light
Pursue the Stars that shoot athwart the Night,
Or suck the Mists in grosser Air below,
Or dip their Pinions in the painted Bow,
Or brew fierce Tempests on the wintry Main,
Or o'er the Glebe distill the kindly Rain.
Others on Earth o'er human Race preside,
Watch all their Ways, and all their Actions guide:
Of these the Chief the Care of Nations own,
And guard with Arms Divine the *British Throne.*
   Our humbler Province is to tend the Fair,
Not a less pleasing, tho' less glorious Care.
To save the Powder from too rude a Gale,
Nor let th' imprison'd Essences exhale,
To draw fresh Colours from the vernal Flow'rs,
To steal from Rainbows ere they drop in Show'rs
A brighter Wash; to curl their waving Hairs,
Assist their Blushes, and inspire their Airs;

Libere al vento le ariose vesti volano,
fini lucenti orditi di rugiadoso velo;
bagnati nei più ricchi colori dei cieli,
dove la luce scherza in tinte sempre miste,
mentre ogni raggio saetta nuovi effimeri colori,
colori che mutano quando le ali agitano.
In mezzo al cerchio, sulla dorata antenna,
più alto di tutta la testa, Ariele stava;
le purpuree ali aperte al sole,
sollevò l'azzurra verga, e così iniziò.
  Voi Silfi e Silfidi, al vostro capo porgete orecchio,
Spiriti, Fate, Genii, Elfi, Demoni, udite!
Conoscete le sfere e i diversi compiti assegnati,
da leggi eterne, alla gente dell'aria.
Chi nei campi di purissimo etere scherza,
si scalda e s'imbianca alla vampa del giorno.
Chi guida l'alto corso di vaganti globi,
o rotola i pianeti per il cielo sconfinato.
Chi meno sottile, al lume pallido della luna
insegue le stelle che balenano nella notte,
o sugge i vapori in basso nell'aria più densa,
o intinge le ali nel dipinto arco,
o fomenta fiere tempeste sul mare invernale,
o sul campo stilla la benefica pioggia.
Altri sulla terra la razza umana reggono,
vigilano sugli eventi e tutte le azioni guidano:
ai loro capi compete la cura delle nazioni,
e di proteggere con armi divine il trono britannico.
  Più umile compito è il nostro, accudire alle belle,
cura non meno piacevole, benché meno gloriosa.
Salvare la cipria da un vento troppo rude,
non permettere che le imprigionate essenze esalino,
attingere freschi colori da fiori primaverili,
rubare agli arcobaleni prima che in pioggia cadano
un bagno più lustro; inanellare gli ondosi capelli,
aiutare i rossori, ispirare i vezzi;

Nay oft, in Dreams, Invention we bestow,
To change a *Flounce*, or add a *Furbelo*.
This Day, black Omens threat the brightest Fair
That e'er deserv'd a watchful Spirit's Care;
Some dire Disaster, or by Force, or Slight,
But what, or where, the Fates have wrapt in Night.
Whether the Nymph shall break *Diana*'s Law,
Or some frail *China* Jar receive a Flaw,
Or stain her Honour, or her new Brocade,
Forget her Pray'rs, or miss a Masquerade,
Or lose her Heart, or Necklace, at a Ball;
Or whether Heav'n has doom'd that *Shock* must fall.
Haste then ye Spirits! to your Charge repair;
The flutt'ring Fan be *Zephyretta*'s Care;
The Drops to thee, *Brillante*, we consign;
And, *Momentilla*, let the Watch be thine;
Do thou, *Crispissa*, tend her fav'rite Lock;
Ariel himself shall be the Guard of *Shock*.
To Fifty chosen *Sylphs*, of special Note,
We trust th' important Charge, the *Petticoat*:
Oft have we known that sev'nfold Fence to fail,
Tho' stiff with Hoops, and arm'd with Ribs of Whale.
Form a strong Line about the Silver Bound,
And guard the wide Circumference around.
Whatever Spirit, careless of his Charge,
His Post neglects, or leaves the Fair at large,
Shall feel sharp Vengeance soon o'ertake his Sins,
Be stopt in *Vials*, or transfixt with *Pins*;
Or plung'd in Lakes of bitter *Washes* lie,
Or wedg'd whole Ages in a *Bodkin*'s Eye:
Gums and *Pomatums* shall his Flight restrain,
While clog'd he beats his silken Wings in vain;
Or Alom-*Stypticks* with contracting Power
Shrink his thin Essence like a rivell'd Flower.
Or as *Ixion* fix'd, the Wretch shall feel
The giddy Motion of the whirling Mill,

anzi spesso, nei sogni, diamo l'idea
di cambiare una balza, o aggiungere un falpalà.
Quest'oggi, neri presagi minacciano la bella più luminosa
che mai meritasse la cura di spirito custode;
un'orrenda sventura, per forza, o frode,
ma cosa, o dove, i Fati hanno avvolto nella notte.
Se la ninfa infrangerà la legge di Diana,
o un fragile vaso di porcellana s'incrinerà,
o macchierà il suo onore, o il broccato nuovo,
scorderà le orazioni, o mancherà alla mascherata,
o perderà il cuore, o la collana, al ballo;
o se il cielo ha decretato che *Shock* debba perire.
Presto dunque spiriti! al vostro compito accorrete;
l'ondeggiante ventaglio sia di Zefiretta cura;
gli orecchini a te, Brillante, consegniamo;
e, Momentilla, a te tocca l'oriolo;
tu, Crispissa, bada al ricciolo diletto;
Ariele stesso farà la guardia a *Shock*.
A cinquanta Silfi eletti, di merito speciale,
affidiamo l'importante incarico, la gonna:
spesso abbiamo visto cedere quella difesa sette volte cinta,
benché dura di cerchi e armata di stecche di balena.
Formate una forte linea attorno all'orlo argenteo,
e difendete l'ampia circonferenza tutt'attorno.
Qualsiasi spirito, incurante del dovere,
abbandoni il posto, o lasci la bella indifesa,
sentirà l'acuta vendetta calare tosto sulla sua colpa,
sarà turato in fiale, o trafitto da spilli,
o tuffato in laghi d'amari liquidi giacerà,
o ficcato per secoli nella cruna d'un ago:
gomme e pomate gli impediranno il volo,
mentre invischiato invano batte le seriche ali;
o allumi astringenti con potenza riduttiva
contrarranno la sottile essenza come fiore secco.
O legato quale Issione, l'infelice sentirà
il moto vorticoso del roteante macinino,

In Fumes of burning Chocolate shall glow,
And tremble at the Sea that froaths below!
He spoke; the Spirits from the Sails descend;
Some, Orb in Orb, around the Nymph extend,
Some thrid the mazy Ringlets of her Hair,
Some hang upon the Pendants of her Ear;
With beating Hearts the dire Event they wait,
Anxious, and trembling for the Birth of Fate.

tra vapori di bollente cioccolata avvamperà,
e tremerà per il mare che lì sotto schiuma!
Disse; e gli spiriti dalle vele scendono;
chi circonda la ninfa, cerchio nel cerchio,
chi tesse i labirintici riccioli della chioma,
chi s'aggrappa ai pendenti dell'orecchio;
con cuore palpitante attendono lo spaventoso evento,
ansiosi, e tremanti per la nascita del Fato.

CANTO III

Close by those Meads for ever crown'd with Flow'rs,
Where *Thames* with Pride surveys his rising Tow'rs,
There stands a Structure of Majestick Frame,
Which from the neighb'ring *Hampton* takes its Name.
Here *Britain*'s Statesmen oft the Fall foredoom
Of Foreign Tyrants, and of Nymphs at home;
Here Thou, Great *Anna*! whom three Realms obey,
Dost sometimes Counsel take—and sometimes *Tea*.
Hither the Heroes and the Nymphs resort,
To taste awhile the Pleasures of a Court;
In various Talk th' instructive hours they past,
Who gave the *Ball*, or paid the *Visit* last:
One speaks the Glory of the *British Queen*,
And one describes a charming *Indian Screen*;
A third interprets Motions, Looks, and Eyes;
At ev'ry Word a Reputation dies.
Snuff, or the *Fan*, supply each Pause of Chat,
With singing, laughing, ogling, and all that.
Mean while declining from the Noon of Day,
The Sun obliquely shoots his burning Ray;
The hungry Judges soon the Sentence sign,
And Wretches hang that Jury-men may Dine;
The Merchant from th'*Exchange* returns in Peace,
And the long Labours of the *Toilette* cease—
Belinda now, whom Thirst of Fame invites,

CANTO III

Vicino a quei prati sempre di fiori incoronati,
dove il Tamigi orgogliosamente vigila le alte torri,
sorge una struttura di maestosa forma,
che dalla confinante *Hampton* prende nome.
Qui gli statisti britanni spesso decidono la caduta
di tiranni stranieri, e di ninfe in patria;
qui tu, grande Anna! che tre regni obbediscono,
ora consiglio prendi — ora il tè.
Quivi eroi e ninfe s'adunano,
ad assaggiare un poco i piaceri della corte;
in vario conversare passano ore istruttive,
chi diede il ballo, o chi fece l'ultima visita:
uno parla della gloria della regina inglese,
e uno descrive un delizioso paravento indiano;
un terzo interpreta moti, facce e sguardi;
a ogni detto una reputazione muore.
Tabacchiera e ventaglio riempiono le pause del cicaleccio,
con canti, risa, occhiate e tutto il resto.
Intanto declinando dal mezzodì,
il sole obliquamente vibra il caldo raggio;
i giudici affamati firmano presto la sentenza,
i miserabili sono impiccati, perché la giuria vada a
[pranzo;
il mercante dalla Borsa torna in pace,
e i lunghi travagli della toletta cessano.
Ora Belinda, che desiderio di fama adesca,

Burns to encounter two adventrous Knights,
At *Ombre* singly to decide their Doom;
And swells her Breast with Conquests yet to come.
Strait the three Bands prepare in Arms to join,
Each Band the number of the Sacred Nine.
Soon as she spreads her Hand, th' Aerial Guard
Descend, and sit on each important Card:
First *Ariel* perch'd upon a *Matadore*,
Then each, according to the Rank they bore;
For *Sylphs*, yet mindful of their ancient Race,
Are, as when Women, wondrous fond of Place.
    Behold, four *Kings* in Majesty rever'd,
With hoary Whiskers and a forky Beard;
And four fair *Queens* whose hands sustain a Flow'r,
Th' expressive Emblem of their softer Pow'r;
Four *Knaves* in Garbs succinct, a trusty Band,
Caps on their heads, and Halberds in their hand;
And Particolour'd Troops, a shining Train,
Draw forth to Combat on the Velvet Plain.
    The skilful Nymph reviews her Force with Care;
Let Spades be Trumps! she said, and Trumps they were.
    Now move to War her Sable *Matadores*,
In Show like Leaders of the swarthy *Moors*.
Spadillio first, unconquerable Lord!
Led off two captive Trumps, and swept the Board.
As many more *Manillio* forc'd to yield,
And march'd a Victor from the verdant Field.
Him *Basto* follow'd, but his Fate more hard
Gain'd but one Trump and one *Plebeian* Card.
With his broad Sabre next, a Chief in Years,
The hoary Majesty of *Spades* appears;
Puts forth one manly Leg, to sight reveal'd;
The rest his many-colour'd Robe conceal'd.
The Rebel-*Knave*, who dares his Prince engage,
Proves the just Victim of his Royal Rage.
Ev'n mighty *Pam* that Kings and Queens o'erthrew,

brama lo scontro con i due avventurosi cavalieri,
in singolar tenzone a *Ombre* tentar la sorte;
e il petto gonfia per conquiste ancora da fare.
Subito le tre bande s'approntano a incrociar le armi,
ognuna del sacro numero del nove.
Non appena ella sciorina le carte, l'aerea guardia
discende, e siede su ogni seme importante:
primo Ariele appollaiato su un Matadoro,
poi tutti, secondo il rango che gli compete;
poiché i Silfi, ancora memori dell'antica origine,
sono, come donne, straordinariamente solleciti del posto.
　Guardate, quattro Re di riverita maestà,
con candidi favoriti e forcuta barba;
e quattro belle Regine con in mano un fiore,
eloquente emblema d'un potere più dolce;
quattro Fanti in farsetto succinto, una banda di fidi,
berretta in testa, e alabarda in pugno;
e truppe multicolori, un corteo splendente,
muovono al combattimento sul vellutato piano.
　L'abile ninfa ispeziona con cura le proprie forze;
« Sia Picche! » disse, e il trionfo fu Picche.
　Ora entrano in guerra i suoi bruni Matadori,
nell'aspetto simili ai duci degli scuri Mori.
Primo Spadiglio, signore invincibile!
prigionieri fece due trionfi e ripulì la piazza.
Altri ancora Maniglio costrinse alla resa,
e marciò, vincitore, dal verde pianoro.
Basto lo seguì, ma il fato suo più duro
s'ebbe solo un trionfo e una carta plebea.
Poi con la grande sciabola, un capo annoso,
la canuta maestà di Picche appare;
solo una gamba virile, svela alla vista;
il resto lo copre il manto multicolore.
Il Fante ribelle che osa attaccare il suo principe,
diventa la giusta vittima della collera reale.
Persino il potente Pam che re e regine abbatté,

And mow'd down Armies in the Fights of *Lu*,
Sad Chance of War! now, destitute of Aid,
Falls undistinguish'd by the Victor *Spade*!
Thus far both Armies to *Belinda* yield;
Now to the *Baron* Fate inclines the Field.
His warlike *Amazon* her Host invades,
Th' Imperial Consort of the Crown of *Spades*.
The *Club*'s black Tyrant first her Victim dy'd,
Spite of his haughty Mien, and barb'rous Pride:
What boots the Regal Circle on his Head,
His Giant Limbs in State unwieldy spread?
That long behind he trails his pompous Robe,
And of all Monarchs only grasps the Globe?
The *Baron* now his *Diamonds* pours apace;
Th' embroider'd *King* who shows but half his Face,
And his refulgent *Queen*, with Pow'rs combin'd,
Of broken Troops an easie Conquest find.
Clubs, *Diamonds*, *Hearts*, in wild Disorder seen,
With Throngs promiscuous strow the level Green.
Thus when dispers'd a routed Army runs,
Of *Asia*'s Troops, and *Africk*'s Sable Sons,
With like Confusion different Nations fly,
Of various Habit and of various Dye,
The pierc'd Battalions dis-united fall,
In Heaps on Heaps; one Fate o'erwhelms them all.
The *Knave* of *Diamonds* tries his wily Arts,
And wins (oh shameful Chance!) the *Queen* of *Hearts*.
At this, the Blood the Virgin's Cheek forsook,
A livid Paleness spreads o'er all her Look;
She sees, and trembles at th' approaching Ill,
Just in the Jaws of Ruin, and *Codille*.
And now, (as oft in some distemper'd State)
On one nice *Trick* depends the gen'ral Fate.
An *Ace* of Hearts steps forth: The *King* unseen
Lurk'd in her Hand, and mourn'd his captive *Queen*.
He springs to Vengeance with an eager pace,

e falcidiò armate combattendo a *Lu*,
tristi casi della guerra! ora, privo d'aiuto,
perisce inglorioso per la vittrice Picche!
Fin qui i due eserciti a Belinda cedono;
al Barone ora il Fato lascia il campo.
La sua Amazzone guerriera assale l'armata,
l'imperiale consorte della corona di Picche.
Il nero tiranno di Fiori, sua prima vittima, morì,
a dispetto del fiero cipiglio e del barbaro orgoglio:
a che gli serve il cerchio regale sul capo,
le membra giganti in possente atto spiegate?
che si trascini la lunga veste sontuosa,
e fra tutti i monarchi solo stringa il globo?
Il Barone adesso i suoi Quadri getta in fretta;
il ricamato Re che mostra solo metà faccia,
e la fulgente Regina, con forze congiunte,
facile conquista fanno di truppe in fuga.
Fiori, Quadri, Cuori, in gran disordine si vedono,
con turbe promiscue ricoprono il verde pianoro.
Così quando disperso fugge un esercito in rotta,
di truppe d'Asia, e d'Africa i neri figli,
con uguale disordine scappano genti diverse,
di vari costumi e di vari colori,
i battaglioni rotti dis-uniti cadono,
mucchi su mucchi; un Fato comune tutti li vince.
Il Fante di Quadri tenta le sue ingannevoli arti,
e vince (oh vergognoso caso!) la Regina di Cuori.
In quella, il sangue disertò la verginale gota,
livido pallore si diffonde in tutto il volto;
ella vede, e trema per il male imminente,
proprio tra le fauci di Rovina, e di Codiglio.
E ora (come spesso in casi disperati),
da una buona mossa dipende il fato comune.
S'avanza un Asso di Cuori: il Re non visto,
si nascondeva nella mano, in lutto per la regina prigioniera.
Alla vendetta scatta con alacre passo,

And falls like Thunder on the prostrate *Ace*.
The Nymph exulting fills with Shouts the Sky,
The Walls, the Woods, and long Canals reply.
Oh thoughtless Mortals! ever blind to Fate,
Too soon dejected, and too soon elate!
Sudden these Honours shall be snatch'd away,
And curs'd for ever this Victorious Day.
For lo! the Board with Cups and Spoons is crown'd,
The Berries crackle, and the Mill turns round.
On shining Altars of *Japan* they raise
The silver Lamp; the fiery Spirits blaze.
From silver Spouts the grateful Liquors glide,
While *China*'s Earth receives the smoking Tyde.
At once they gratify their Scent and Taste,
And frequent Cups prolong the rich Repast.
Strait hover round the Fair her Airy Band;
Some, as she sip'd, the fuming Liquor fann'd,
Some o'er her Lap their careful Plumes display'd,
Trembling, and conscious of the rich Brocade.
Coffee, (which makes the Politician wise,
And see thro' all things with his half-shut Eyes)
Sent up in Vapours to the *Baron*'s Brain
New Stratagems, the radiant Lock to gain.
Ah cease rash Youth! desist ere 'tis too late,
Fear the just Gods, and think of *Scylla*'s Fate!
Chang'd to a Bird, and sent to flit in Air,
She dearly pays for *Nisus*' injur'd Hair!
But when to Mischief Mortals bend their Will,
How soon they find fit Instruments of Ill!
Just then, *Clarissa* drew with tempting Grace
A two-edg'd Weapon from her shining Case;
So Ladies in Romance assist their Knight,
Present the Spear, and arm him for the Fight.
He takes the Gift with rev'rence, and extends
The little Engine on his Fingers' Ends,
This just behind *Belinda*'s Neck he spread,

e s'abbatte come fulmine sull'Asso a terra.
La ninfa esultante riempie di grida il cielo,
le rispondono i muri, i boschi, e i lunghi canali.
Oh sciocchi mortali! sempre ciechi innanzi al Fato,
troppo presto avviliti, troppo presto esultanti!
All'improvviso questi onori vi saranno tolti,
e maledetto sarà per sempre il giorno vittorioso.
Mirate! la tavola di tazze e cucchiai è coronata,
i chicchi crepitano, il macinino gira.
Sui lucenti altari del Giappone innalzano
l'argentea lampada; focosi spiriti divampano.
Dai beccucci d'argento i grati liquori scorrono,
mentre la porcellana riceve il fumante flusso.
Ad un tempo soddisfano l'odorato e il gusto,
e frequenti tazze prolungano il ricco pasto.
Prossima alla bella si libra l'aerea guardia;
chi, mentr'ella sorseggia, il fumante vapore sventola,
chi sopra il grembo le premurose ali dispiega,
tremando, e preoccupato per il ricco broccato.
Caffè (che rende saggio il politicante,
il quale penetra ogni cosa con occhio semichiuso),
col vapore mandò al cervello del Barone
nuovi stratagemmi per la conquista del ricciolo radioso.
Ah cessa impetuoso giovane! desisti in tempo,
temi gli giusti dei, e pensa al Fato di Scilla!
mutata in uccello, e destinata a volteggiare in aria,
a caro prezzo paga l'ingiuria al capello di Niso!
Ma quando al male l'umana volontà si volge,
assai presto trova gli esatti strumenti di danno!
Proprio allora, Clarissa estrasse con grazia suadente
dallo splendido astuccio un'arma a doppio taglio;
così le romanzesche dame assistono i cavalieri,
recano la lancia, e li armano in battaglia.
Egli il dono prende con riverenza, e tende
il minuscolo ordigno sulla punta delle dita,
l'apre proprio dietro il collo di Belinda,

As o'er the fragrant Steams she bends her Head:
Swift to the Lock a thousand Sprights repair,
A thousand Wings, by turns, blow back the Hair,
And thrice they twitch'd the Diamond in her Ear,
Thrice she look'd back, and thrice the Foe drew near.
Just in that instant, anxious *Ariel* sought
The close Recesses of the Virgin's Thought;
As on the Nosegay in her Breast reclin'd,
He watch'd th' Ideas rising in her Mind,
Sudden he view'd, in spite of all her Art,
An Earthly Lover lurking at her Heart.
Amaz'd, confus'd, he found his Pow'r expir'd,
Resign'd to Fate, and with a Sigh retir'd.
  The Peer now spreads the glitt'ring *Forfex* wide,
T'inclose the Lock; now joins it, to divide.
Ev'n then, before the fatal Engine clos'd,
A wretched *Sylph* too fondly interpos'd;
Fate urg'd the Sheers, and cut the *Sylph* in twain,
(But Airy Substance soon unites again)
The meeting Points the sacred Hair dissever
From the fair Head, for ever and for ever!
  Then flash'd the living Lightning from her Eyes,
And Screams of Horror rend th' affrighted Skies.
Not louder Shrieks to pitying Heav'n are cast,
When Husbands or when Lap-dogs breathe their last,
Or when rich *China* Vessels, fal'n from high,
In glittring Dust and painted Fragments lie!
  Let Wreaths of Triumph now my Temples twine,
(The Victor cry'd) the glorious Prize is mine!
While Fish in Streams, or Birds delight in Air,
Or in a Coach and Six the *British* Fair,
As long as *Atalantis* shall be read,
Or the small Pillow grace a Lady's Bed,
While *Visits* shall be paid on solemn Days,
When numerous Wax-lights in bright Order blaze,
While Nymphs take Treats, or Assignations give,

mentr'ella sui fragranti vapori curva il capo:
veloci al ricciolo mille spiritelli accorrono,
mille ali, a turno, indietro soffiano i capelli,
tre volte pizzicano il diamante all'orecchio,
tre volte ella si volse, e tre volte il nemico s'accostò.
Giusto in quell'istante, l'ansioso Ariele frugò
i segreti recessi del pensiero verginale;
e poggiato ai fiori sul suo seno,
spiava le idee nascenti nella sua mente,
d'improvviso vide, a dispetto d'ogni sua arte,
un amante terrestre nascosto nel suo cuore.
Stupito, confuso, scoprì estinto il suo potere,
si rassegnò al Fato, e con un sospiro si ritrasse.
Il Pari ora spalanca la lucente *forfex*,
per serrare il ricciolo; ora la ricongiunge, per tagliare.
Persino allora, prima che la fatale macchina si chiudesse,
un Silfo infelice troppo ardentemente s'interpose;
il Fato premette le forbici, e divise il Silfo in due
(ma l'aerea sostanza presto si ricongiunge),
le punte unendosi i sacri capelli separano
dalla bella testa, per sempre, oh per sempre!
Scoccò allora dagli occhi di lei il vivo lampo,
e grida di orrore lacerano i cieli sgomenti.
Urla più forti non si levano all'empireo pietoso,
quando il marito o il cagnetto esala l'ultimo respiro,
o quando ricchi vasi di porcellana, caduti dall'alto,
giacciono in polvere luminosa e dipinti frammenti!
Corone trionfali mi cingano ora le tempie
(il vincitore gridò), mio è il premio glorioso!
Finché il pesce nel ruscello, e l'uccello nell'aria gode,
o sul tiro a sei la bella britannica,
finché si leggerà *Atalantis*,
o il cuscinetto ornerà il letto della dama,
finché si andrà in visita in giorni solenni,
e tanti ceri arderanno in ordine splendente,
finché le ninfe accettano inviti, o danno appuntamenti,

So long my Honour, Name, and Praise shall live!
What Time wou'd spare, from Steel receives its date,
and Monuments, like Men, submit to Fate!
Steel cou'd the Labour of the Gods destroy,
And strike to Dust th' Imperial Tow'rs of *Troy*;
Steel cou'd the Works of mortal Pride confound,
And hew Triumphal Arches to the Ground.
What Wonder then, fair Nymph! thy Hairs shou'd feel
The conqu'ring Force of unresisted Steel?

tanto vivranno l'onore, il nome e la lode mia!
Quel che il tempo risparmia, finisce il ferro,
e i monumenti, come gli uomini, soggiacciono al Fato!
Il ferro distrusse la fatica degli dei,
e incenerì le torri imperiose di Troia;
il ferro sovvertì le opere dell'umano orgoglio,
e abbatté al suolo gli archi di trionfo.
Quale meraviglia allora, bella ninfa! che la tua chioma [provi
il vigore vincente del ferro irresistibile?

CANTO IV

But anxious Cares the pensive Nymph opprest,
And secret Passions labour'd in her Breast.
Not youthful Kings in Battel seiz'd alive,
Not scornful Virgins who their Charms survive,
Not ardent Lovers robb'd of all their Bliss,
Not ancient Ladies when refus'd a Kiss,
Not Tyrants fierce that unrepenting die,
Not *Cynthia* when her *Manteau*'s pinn'd awry,
E'er felt such Rage, Resentment and Despair,
As Thou, sad Virgin! for thy ravish'd Hair.
For, that sad moment, when the *Sylphs* withdrew,
And *Ariel* weeping from *Belinda* flew,
Umbriel, a dusky melancholy Spright,
As ever sully'd the fair face of Light,
Down to the Central Earth, his proper Scene,
Repair'd to search the gloomy Cave of *Spleen*.
Swift on his sooty Pinions flitts the *Gnome*,
And in a Vapour reach'd the dismal Dome.
No cheerful Breeze this sullen Region knows,
The dreadful *East* is all the Wind that blows.
Here, in a Grotto, sheltred close from Air,
And screen'd in Shades from Day's detested Glare,
She sighs for ever on her pensive Bed,
Pain at her Side, and *Megrim* at her Head.
Two Handmaids wait the Throne: Alike in Place,
But diff'ring far in Figure and in Face.

CANTO IV

Ma ansiose cure opprimevano la pensosa ninfa,
e passioni segrete le travagliavano in petto.
Non giovane re preso vivo in battaglia,
non sdegnosa vergine sopravvissuta alle sue grazie,
non ardente amante derubato d'ogni estasi,
non antica dama quando le si nega un bacio,
non fiero tiranno che impenitente muore,
non Cinzia cui si affibbiò storto il *manteau*,
provarono mai tanta ira, rabbia, dispetto,
come te, dolente vergine! per la chioma tua rapita.
Poiché, nel triste momento, quando i Silfi si ritrassero,
e Ariele piangendo da Belinda s'involò,
Umbrielo, uno scuro melanconico spiritello,
fra quanti mai offuscarono il luminoso volto del giorno,
giù al centro della terra, il suo naturale sfondo,
riparò in cerca del tenebroso antro di Malinconia.
Veloce sulle ali cenerine vola lo Gnomo,
e tra il fumo giunse alla cupa dimora.
L'allegra brezza questa tetra regione non conosce,
il temuto Levante è l'unico vento che vi soffia.
Qui, in una grotta, chiusa ermeticamente all'aria,
e con ombre schermata dall'odioso bagliore diurno,
sempre ella sospira sul pensoso letto,
Pena al fianco, Emicrania al capo.
Due ancelle attendono al trono: simili in grado,
ma diverse assai nella figura e nel volto.

Here stood *Ill-nature* like an *ancient Maid*,
Her wrinkled Form in *Black* and *White* array'd;
With store of Pray'rs, for Mornings, Nights, and Noons,
Her Hand is fill'd; her Bosom with Lampoons.
   There *Affectation* with a sickly Mien
Shows in her Cheek the Roses of Eighteen,
Practis'd to Lisp, and hang the Head aside,
Faints into Airs, and languishes with Pride;
On the rich Quilt sinks with becoming Woe,
Wrapt in a Gown, for Sickness, and for Show.
The Fair-ones feel such Maladies as these,
When each new Night-Dress gives a new Disease.
   A constant *Vapour* o'er the Palace flies;
Strange Phantoms rising as the Mists arise;
Dreadful, as Hermit's Dreams in haunted Shades,
Or bright as Visions of expiring Maids.
Now glaring Fiends, and Snakes on rolling Spires,
Pale Spectres, gaping Tombs, and Purple Fires:
Now Lakes of liquid Gold, *Elysian* Scenes,
And Crystal Domes, and Angels in Machines.
   Unnumber'd Throngs on ev'ry side are seen
Of Bodies chang'd to various Forms by *Spleen*.
Here living *Teapots* stand, one Arm held out,
One bent; the Handle this, and that the Spout:
A Pipkin there like *Homer*'s *Tripod* walks;
Here sighs a Jar, and there a Goose-pye talks;
Men prove with Child, as pow'rful Fancy works,
And Maids turn'd Bottels, call aloud for Corks.
   Safe past the *Gnome* thro' this fantastick Band,
A Branch of healing *Spleenwort* in his hand.
Then thus addrest the Pow'r—Hail wayward Queen!
Who rule the Sex to Fifty from Fifteen,
Parent of Vapors and of Female Wit,
Who give th' *Hysteric* or *Poetic* Fit,
On various Tempers act by various ways,
Make some take Physick, others scribble Plays;

Qui stava Cattiva Indole, vecchia zitella,
la grinzosa forma, abbigliata in bianco e nero;
di preci in abbondanza per mattina, sera e mezzodì;
la mano è ricolma; il petto di satire.
Là Affettazione con aria malaticcia
mostra sulla guancia le rose dei vent'anni,
artatamente blesa, la testa incline da un lato,
sviene con vezzo, e con orgoglio langue;
sulla ricca trapunta affonda con garbato lamento,
avvolta nella veste, per malattia e per mostra.
Le belle sentono simili mali,
quando una camicia nuova dà una nuova infermità.
Un costante vapore sopra il palazzo vola;
bizzarri fantasmi s'alzano insieme alle nebbie;
spaventosi, come sogni d'eremiti tra l'orrore dei boschi,
o fulgidi come visioni di vergini morenti.
Ora diavoli corruschi, e serpi attorte in spire,
esangui larve, tombe spalancate, e fuochi purpurei:
ora laghi d'oro liquido, elisie scene,
e cupole cristalline, e angeli ex machinis.
Innumerevoli turbe si vedono d'ogni lato
di corpi mutati in varie forme da Melanconia.
Quivi stanno teiere viventi, un braccio teso,
uno curvo; il manico questo, e quello il beccuccio:
là una pignatta cammina come il tripode di Omero;
qui sospira una brocca, là chiacchiera un timballo d'oca;
gli uomini sono gravidi, così opera potente fantasia,
e le vergini mutate in bottiglie, a gran voce chiedono tappi.
Salvo passò lo Gnomo in mezzo alla fantastica schiera,
in mano un rametto di benefico asplenio.
Poi così apostrofò il nume — Ave lunatica regina!
che governi le donne dai quindici ai cinquant'anni,
genitrice dei vapori e del femminile ingegno,
che dai l'attacco isterico o poetico,
su temperamenti vari agisci in vari modi,
chi prende medicine, chi scribacchia drammi;

Who cause the Proud their Visits to delay,
And send the Godly in a Pett, to pray.
A Nymph there is, that all thy Pow'r disdains,
And thousands more in equal Mirth maintains.
But oh! if e'er thy *Gnome* could spoil a Grace,
Or raise a Pimple on a beauteous Face,
Like Citron-Waters Matrons' Cheeks inflame,
Or change Complexions at a losing Game;
If e'er with airy Horns I planted Heads,
Or rumpled Petticoats, or tumbled Beds,
Or caus'd Suspicion when no Soul was rude,
Or discompos'd the Head-dress of a Prude,
Or e'er to costive Lap-Dog gave Disease,
Which not the Tears of brightest Eyes could ease:
Hear me, and touch *Belinda* with Chagrin;
That single Act gives half the World the Spleen.
  The Goddess with a discontented Air
Seems to reject him, tho' she grants his Pray'r.
A wondrous Bag with both her Hands she binds,
Like that where once *Ulysses* held the Winds;
There she collects the Force of Female Lungs,
Sighs, Sobs, and Passions, and the War of Tongues.
A Vial next she fills with fainting Fears,
Soft Sorrows, melting Griefs, and flowing Tears.
The *Gnome* rejoicing bears her Gifts away,
Spreads his black Wings, and slowly mounts to Day.
  Sunk in *Thalestris'* Arms the Nymph he found,
Her Eyes dejected and her Hair unbound.
Full o'er their Heads the swelling Bag he rent,
And all the Furies issued at the Vent.
Belinda burns with more than mortal Ire,
And fierce *Thalestris* fans the rising Fire.
O wretched Maid! she spread her Hands, and cry'd,
(While *Hamptons*'s Ecchos, wretched Maid! reply'd)
Was it for this you took such constant Care
The *Bodkin*, *Comb*, and *Essence* to prepare;

per te le orgogliose differiscono le visite,
e le devote stizzite vanno a pregare.
Una ninfa v'è che il tuo potere sdegna,
e tiene mille altre in gioia uguale.
Ma oh! se mai il tuo Gnomo rovinò una grazia,
o suscitò un foruncolo su un bel volto,
come il rosolio infiammò le guance della matrona,
o il colore mutò perdendo al gioco;
se mai di immaginarie corna piantai teste,
o scompigliai sottane, o rovesciai letti,
o seminai sospetto quando non v'era ombra di scortesia,
o scomposi l'acconciatura d'una *Prude*,
o se mai feci ammalare lo stitico cagnetto,
e le lagrime di occhi tanto splendidi non lo guarirono:
ascoltami, e Belinda sia toccata da Tristezza;
questo atto da solo rende malinconico mezzo mondo.
　La dea con aria scontenta
sembra respingerlo, benché esaudisca il voto.
Una borsa meravigliosa tra le mani serra,
simile a quella dove un tempo Ulisse tenne i venti;
qui raccoglie la forza dei polmoni femminili,
sospiri, singhiozzi, passioni e la guerra delle lingue.
Poi riempie una fiala con svenevoli paure,
molli tristezze, struggenti affanni e lagrime fluenti.
Lo Gnomo rallegrandosi prende i doni,
spiega le ali nere, e lentamente riascende al giorno.
　Trovò la ninfa abbandonata tra le braccia di Talestre,
gli occhi a terra e la chioma sciolta.
Proprio sopra le teste lacerò la borsa rigonfia,
e tutte le furie si precipitarono allo sbocco.
D'ira arde Belinda più che mortale,
e la fiera Talestre soffia sul fuoco crescente.
O infelice vergine! levò le palme, e gridò:
(mentre gli echi di *Hampton*, infelice vergine! risposero)
Fu per questo che sì assidua cura avesti
d'approntare spillone, pettine, essenza;

For this your Locks in Paper-Durance bound,
For this with tort'ring Irons wreath'd around?
For this with Fillets strain'd your tender Head,
And bravely bore the double Loads of Lead?
Gods! shall the Ravisher display your Hair,
While the Fops envy, and the Ladies stare!
Honour forbid! at whose unrival'd Shrine
Ease, Pleasure, Virtue, All, our Sex resign.
Methinks already I your Tears survey,
Already hear the horrid things they say,
Already see you a degraded Toast,
And all your Honour in a Whisper lost!
How shall I, then, your helpless Fame defend?
'Twill then be Infamy to seem your Friend!
And shall this Prize, th' inestimable Prize,
Expos'd thro' Crystal to the gazing Eyes,
And heighten'd by the Diamond's circling Rays,
On that Rapacious Hand for ever blaze?
Sooner shall Grass in *Hide*-Park *Circus* grow,
And Wits take Lodgings in the Sound of *Bow*;
Sooner let Earth, Air, Sea, to *Chaos* fall,
Men, Monkies, Lap-dogs, Parrots, perish all!
  She said; then raging to *Sir Plume* repairs,
And bids her *Beau* demand the precious Hairs:
(*Sir Plume*, of *Amber Snuff-box* justly vain,
And the nice Conduct of a *clouded Cane*)
With earnest Eyes, and round unthinking Face,
He first the Snuff-box open'd, then the Case,
And thus broke out—"My Lord, why, what the Devil?
"Z—ds! damn the Lock! 'fore Gad, you must be civil!
"Plague on't! 'tis past a Jest—nay prithee, Pox!
"Give her the Hair"—he spoke, and rapp'd his Box.
  It grieves me much (reply'd the Peer again)
Who speaks so well shou'd ever speak in vain.
But by this Lock, this sacred Lock I swear,

per questo i riccioli stringesti in cartacei ceppi,
per questo li intrecciasti a tormentosi ferri?
per questo stringesti con bende la tenera testa,
e bravamente reggesti il doppio peso di piombo?
Oh dei! esibirà il rapitore i tuoi capelli,
ai galanti invidiosi e alle attonite dame!
Onore non voglia! al cui trono impareggiabile
il nostro sesso agi, piaceri, virtù, tutto offre.
Mi par già di scorgere le tue lagrime,
d'udire già le orribili cose dette,
di vederti già nel brindisi degradata,
e l'onore tuo in un bisbiglio perso!
Come soccorrerò, allora, la tua fama screditata?
sarà allora un'infamia sembrarti amica!
e questa preda, preda inestimabile,
esposta sotto il cristallo per gli occhi stupefatti,
esaltata dai circolari raggi del diamante,
brillerà per sempre sulla rapace mano?
Prima crescerà l'erba a *Hyde Park*,
e i begli spiriti abiteranno al *Bow*;
prima terra, aria, mare cadano nel caos,
uomini, scimmie, cagnetti, pappagalli, tutti periscano!
   Ella disse; poi furente da Sir Plume ripara,
e ordina al *Beau* di pretendere i preziosi capelli:
(Sir Plume, della tabacchiera d'ambra giustamente fiero,
e della leggiadra manovra d'una macchiata canna)
con occhio zelante, e tonda stolta faccia,
prima egli aprì la tabacchiera, poi il caso,
e in tal modo proruppe « Signore, mà, che diavolo?
P...io! maledetto ricciolo! in nome di dio, siate cortese!
Alla malora! non è mica uno scherzo, per favore, accidenti!
Datele la ciocca. » disse, e tambureggiava sulla
[tabacchiera.
   Mi addolora molto (replicò a sua volta il Pari)
che parli invano, chi parla così bene.
Ma su questo ricciolo, su questo santo ricciolo lo giuro

(Which never more shall join its parted Hair,
Which never more its Honours shall renew,
Clipt from the lovely Head where late it grew)
That while my Nostrils draw the vital Air,
This Hand, which won it, shall for ever wear.
He spoke, and speaking, in proud Triumph spread
The long-contended Honours of her Head.
But *Umbriel*, hateful *Gnome*! forbears not so;
He breaks the Vial whence the Sorrows flow.
Then see! the *Nymph* in beauteous Grief appears,
Her Eyes half-languishing, half-drown'd in Tears;
On her heav'd Bosom hung her drooping Head,
Which, with a Sigh, she rais'd; and thus she said.
For ever curs'd be this detested Day,
Which snatch'd my best, my fav'rite Curl away!
Happy! ah ten times happy, had I been,
If *Hampton-Court* these Eyes had never seen!
Yet am not I the first mistaken Maid,
By Love of *Courts* to num'rous Ills betray'd.
Oh had I rather un-admir'd remain'd
In some lone Isle, or distant *Northern* Land;
Where the gilt *Chariot* never marks the Way,
Where none learn *Ombre*, none e'er taste *Bohea*!
There kept my Charms conceal'd from mortal Eye,
Like Roses that in Desarts bloom and die.
What mov'd my Mind with youthful Lords to rome?
O had I stay'd, and said my Pray'rs at home!
'Twas this, the Morning *Omens* seem'd to tell;
Thrice from my trembling hand the *Patch-box* fell;
The tott'ring *China* shook without a Wind,
Nay, *Poll* sate mute, and *Shock* was most Unkind!
A *Sylph* too warn'd me of the Threats of Fate,
In mystic Visions, now believ'd too late!
See the poor Remnants of these slighted Hairs!
My hands shall rend what ev'n thy Rapine spares:
These, in two sable Ringlets taught to break,

(che mai più si riunirà alla deserta chioma,
che mai più il suo vanto rinnoverà,
reciso dall'adorabile testa dove poco fa cresceva),
finché le mie nari aspireranno l'aere vitale,
questa mano, che lo vinse, sempre lo esibirà.
Disse, e nel dire, in orgoglioso trionfo dispiegò
l'ornamento a lungo conteso di quella chioma.
Ma Umbriele, odioso Gnomo! non si trattiene;
rompe la fiala da cui i dolori scorrono.
Poi mirate! la ninfa leggiadramente afflitta appare,
gli occhi quasi languenti, quasi affogati nel pianto;
sul rigonfio seno piegava il capo vacillante,
che, con un sospiro, levò; e così disse.
Per sempre maledetto sia questo odiato giorno,
che mi strappò il ricciolo più bello, il favorito!
Felice! Oh, mille volte felice sarei stata,
se mai questi occhi avessero visto *Hampton Court*!
Pur non sono io la prima vergine ingannata,
per amor delle corti destinata a molti affanni.
Oh fossi invece rimasta non ammirata
su isola deserta, o remota landa nordica;
ove la carrozza dorata mai solca la via,
ove nessuno impara l'*Ombre*, nessuno gusta il *Bohea*!
là avessi celato le mie grazie a occhio mortale,
come rose che nei deserti fioriscono e muoiono.
Cosa indusse l'animo mio a errare con giovani *Lord*?
Oh fossi rimasta a dir le mie preghiere in casa!
Era questo che i presagi mattutini sembrava dicessero;
tre volte dalla mano tremante cadde la scatola dei nei;
la vacillante porcellana si scosse senza vento,
inoltre, *Poll* stava muto, e *Shock* era proprio scortese!
Un Silfo pure m'avvisò delle minacce del Fato,
in mistiche visioni, troppo tardi ora credute!
Guardate i miseri resti di questa chioma distrutta!
Le mie mani strapperanno quanto anche la tua rapina serba:
questi, in due neri riccioli ammaestrati a scindersi,

Once gave new Beauties to the snowie Neck.
The Sister-Lock now sits uncouth, alone,
And in its Fellow's Fate foresees its own;
Uncurl'd it hangs, the fatal Sheers demands;
And tempts once more thy sacrilegious Hands.
Oh hadst thou, Cruel! been content to seize
Hairs less in sight, or any Hairs but these!

un tempo davano nuove bellezze al niveo collo.
Il ricciolo gemello se ne sta ora sgraziato, solo,
e nel destino del suo compagno prevede il proprio;
liscio pende, esige le fatali forbici;
e tenta, ancora una volta, le mani tue sacrileghe.
Oh, se accontentato ti fossi, crudele! di prendere
ciocche meno in vista, o una ciocca qualsiasi, non questa!

CANTO V

She said: the pitying Audience melt in Tears,
But *Fate* and *Jove* had stopp'd the *Baron*'s Ears.
In vain *Thalestris* with Reproach assails,
For who can move when fair *Belinda* fails?
Not half so fixt the *Trojan* cou'd remain,
While *Anna* begg'd and *Dido* rag'd in vain.
Then grave *Clarissa* graceful wav'd her Fan;
Silence ensu'd, and thus the Nymph began.
Say, why are Beauties prais'd and honour'd most,
The wise Man's Passion, and the vain Man's Toast?
Why deck'd with all that Land and Sea afford,
Why Angels call'd, and Angel-like ador'd?
Why round our Coaches crowd the white-glov'd Beaus,
Why bows the Side-box from its inmost Rows?
How vain are all these Glories, all our Pains,
Unless good Sense preserve what Beauty gains:
That Men may say, when we the Front-box grace,
Behold the first in Virtue, as in Face!
Oh! if to dance all Night, and dress all Day,
Charm'd the Small-pox, or chas'd old Age away;
Who would not scorn what Huswife's Cares produce,
Or who would learn one earthly Thing of Use?
To patch, nay ogle, might become a Saint,
Nor could it sure be such a Sin to paint.
But since, alas! frail Beauty must decay,
Curl'd or uncurl'd, since Locks will turn to grey,

CANTO V

Disse: l'assemblea pietosa si sciolse in pianto,
ma il Fato e Giove avevano tappato le orecchie del Barone.
Invano Talestre lo assale di rimproveri,
chi commuoverà quando fallisce Belinda la bella?
Neanche la metà così fermo era il Troiano,
quando Anna implorava e Didone invano infuriava.
Poi la grave Clarissa con grazia agitò il ventaglio;
si fece silenzio, e così la ninfa iniziò.
Ditemi, perché sono le belle su tutte lodate e onorate,
passione del saggio, brindisi del fatuo?
Perché ornate di quanto terra e mare offrono,
perché angeli son dette, e quali angeli adorate?
Perché circondano i nostri cocchi i *Beaux* bianco-guantati,
perché s'inchina il palco laterale dai più remoti seggi?
Quanto vane sono tutte queste glorie, tutte le nostre pene,
se il senno non conserva quanto beltà guadagna:
che gli uomini dicano, quando orniamo il palco centrale,
Mirate la prima per virtù, come per volto!
Oh! se danzare tutta la notte, e abbigliarsi tutto il giorno,
scongiurasse il vaiolo, o cacciasse la vecchiaia;
chi non spregerebbe il faticoso prodotto della massaia,
o chi imparare vorrebbe una cosa utile?
Nèi, persino occhiate, converrebbero a una santa,
né dipingersi sarebbe certo gran peccato.
Ma poiché, ahimè! la fragile bellezza perirà,
con ricci o senza ricci, poiché la chioma ingrigerà,

Since painted, or not painted, all shall fade,
And she who scorns a Man, must die a Maid;
What then remains, but well our Pow'r to use,
And keep good Humour still whate'er we lose?
And trust me, Dear! good Humour can prevail,
When Airs, and Flights, and Screams, and Scolding fail.
Beauties in vain their pretty Eyes may roll;
Charms strike the Sight, but Merit wins the Soul.
  So spoke the Dame, but no Applause ensu'd;
Belinda frown'd, *Thalestris* call'd her Prude.
To Arms, to Arms! the fierce Virago cries,
And swift as Lightning to the Combat flies.
All side in Parties, and begin th' Attack;
Fans clap, Silks russle, and tough Whalebones crack;
Heroes' and Heroins' Shouts confus'dly rise,
And base, and treble Voices strike the Skies.
No common Weapons in their Hands are found,
Like Gods they fight, nor dread a mortal Wound.
  So when bold *Homer* makes the Gods engage,
And heav'nly Breasts with human Passions rage;
'Gainst *Pallas*, *Mars*; *Latona*, *Hermes* arms;
And all *Olympus* rings with loud Alarms.
Jove's Thunder roars, Heav'n trembles all around;
Blue *Neptune* storms, the bellowing Deeps resound;
Earth shakes her nodding Tow'rs, the Ground gives way;
And the pale Ghosts start at the Flash of Day!
  Triumphant *Umbriel* on a Sconce's Height
Clapt his glad Wings, and sate to view the Fight:
Propt on their Bodkin Spears, the Sprights survey
The growing Combat, or assist the Fray.
  While thro' the Press enrag'd *Thalestris* flies,
And scatters Deaths around from both her Eyes,
A *Beau* and *Witling* perish'd in the Throng,
One dy'd in *Metaphor*, and one in *Song*.
O cruel Nymph! a living Death I bear,
Cry'd *Dapperwit*, and sunk beside his Chair.

poiché dipinte, o non dipinte, tutte appassiranno,
e colei che sprezza l'uomo, morirà zitella;
che ci resta allora, se non usare bene il nostro potere,
e mantenere sempre il buonumore, qual che sia la perdita?
E credimi, cara! il buonumore la vince,
quando falliscono arie, capricci, grida, rimbrotti.
Le belle invano l'occhio leggiadro ruotano;
gli incanti colpiscono la vista, ma il merito avvince l'anima.
Così parlò la dama, ma non seguì l'applauso;
Belinda s'accigliò, Talestre la chiamò *Prude*.
All'armi, all'armi! la fiera virago grida,
e veloce come lampo vola alla battaglia.
Ognuno si schiera, e l'attacco s'inizia;
scattano ventagli, frusciano sete, e forti stecche crepitano;
le grida degli eroi e delle eroine si levano confuse,
e basse voci e acute percuotono i cieli.
Non maneggiano essi armi comuni,
come dèi combattono, né temono ferita mortale.
Così quando l'audace Omero induce gli dei alla battaglia,
e petti celesti delirano di passioni umane;
contro Pallade, Marte; contro Latona, Mercurio s'arma;
e l'Olimpo tutto risuona di alti squilli.
Il tuono di Giove romba, e il cielo tutt'attorno trema;
il glauco Nettuno infuria, i mugghianti abissi risuonano;
Terra scuote le tentennanti torri, il suolo s'apre;
e le pallide larve trasaliscono al bagliore del giorno!
Umbriele trionfante in cima a un candeliere
sbatté le ali liete e s'accomodò per assistere alla battaglia:
poggiati alle spille-aste, gli spiritelli contemplano
l'insorgente mischia, o aiutano lo scontro.
Mentre tra la calca l'infuriata Talestre vola,
e semina morte in giro da entrambi gli occhi,
un *Beau* e uno sciocco perirono nella ressa,
l'uno morì in metafora, l'altro in arietta.
O ninfa crudele! Morte in vita io soffro,
gridò Dapperwit, e cadde accanto alla sedia.

A mournful Glance Sir *Fopling* upwards cast,
Those Eyes are made so killing—was his last:
Thus on *Meander*'s flow'ry Margin lies
Th'expiring Swan, and as he sings he dies.
When bold Sir *Plume* had drawn *Clarissa* down,
Chloe stept in, and kill'd him with a Frown;
She smil'd to see the doughty Hero slain,
But at her Smile, the Beau reviv'd again.
Now *Jove* suspends his golden Scales in Air,
Weighs the Men's Wits against the Lady's Hair;
The doubtful Beam long nods from side to side;
At length the Wits mount up, the Hairs subside.
See fierce *Belinda* on the *Baron* flies,
With more than usual Lightning in her Eyes;
Nor fear'd the Chief th'unequal Fight to try,
Who sought no more than on his Foe to die.
But this bold Lord, with manly Strength indu'd,
She with one Finger and a Thumb subdu'd:
Just where the Breath of Life his Nostrils drew,
A Charge of *Snuff* the wily Virgin threw;
The *Gnomes* direct, to ev'ry Atome just,
The pungent Grains of titillating Dust.
Sudden, with starting Tears each Eye o'erflows,
And the high Dome re-ecchoes to his Nose.
Now meet thy Fate, incens'd *Belinda* cry'd,
And drew a deadly *Bodkin* from her Side.
(The same, his ancient Personage to deck,
Her great great Grandsire wore about his Neck
In three *Seal-Rings*; which after, melted down,
Form'd a vast *Buckle* for his Widow's Gown:
Her infant Grandame's *Whistle* next it grew,
The *Bells* she gingled, and the *Whistle* blew;
Then in a *Bodkin* grac'd her Mother's Hairs,
Which long she wore, and now *Belinda* wears.)
Boast not my Fall (he cry'd) insulting Foe!
Thou by some other shalt be laid as low.

Uno sguardo afflitto Sir Fopling levò,
Quegli occhi son sì micidiali — fu l'ultima battuta:
così sulla fiorita sponda del Meandro giace
il cigno spirante, e mentre canta muore.
Quando l'ardito Sir Plume ebbe a terra tirato Clarissa,
Cloe avanzò, e lo uccise con un cipiglio;
sorrise alla vista del gagliardo eroe trucidato,
ma al suo riso, il *Beau* ritorna in vita.
Ora Giove sospende in aria l'aurea bilancia,
pesa gli intelletti degli uomini contro la chioma della dama;
il giogo incerto a lungo pencola da un lato all'altro;
alla fine gli intelletti salgono, i capelli calano.
Mirate la feroce Belinda contro il Barone vola,
con più lampi del solito negli occhi;
né temeva il capo di cimentarsi nell'ineguale tenzone,
che unicamente bramava sulla nemica spirare.
Ma questo ardito *Lord*, di virile forza dotato,
solo col dito e col pollice ella vinse:
proprio lì dove le narici aspiravano il vitale soffio,
una presa di tabacco l'astuta vergine gettò;
gli Gnomi dirigono, per ogni atomo giusti,
i pungenti grani della titillante polvere.
All'improvviso, d'insorgenti lagrime l'occhio straripa,
e l'alta cupola ri-echeggia al suo naso.
Ora al tuo fato soccombi, gridò l'irata Belinda,
e uno spillone mortale trasse dal fianco.
(Lo stesso, per ornare l'antica persona,
il trisavolo portava al collo
in tre anelli da sigillo; che poi, fusi,
formarono un'enorme fibbia per la veste della vedova:
poi divenne il fischietto della bisnonna bambina,
le campanelle ella suonava, e il fischietto soffiava;
poi come spillone abbellì la chioma materna,
a lungo lo portò costei, e ora è di Belinda.)
Non vantarti della mia caduta (lui gridò) beffarda nemica!
tu da un altro sarai stesa così in basso.

Nor think, to die dejects my lofty Mind;
All that I dread, is leaving you behind!
Rather than so, ah let me still survive,
And burn in *Cupid*'s Flames, — but burn alive.
  Restore the Lock! she cries, and all around
Restore the Lock! the vaulted Roofs rebound.
Not fierce *Othello* in so loud a Strain
Roar'd for the Handkerchief that caus'd his Pain.
But see how oft Ambitious Aims are cross'd,
And Chiefs contend 'till all the Prize is lost!
The Lock, obtain'd with Guilt, and kept with Pain,
In ev'ry place is sought, but sought in vain:
With such a Prize no Mortal must be blest,
So Heav'n decrees! with Heav'n who can contest?
  Some thought it mounted to the Lunar Sphere,
Since all things lost on Earth, are treasur'd there.
There Heroes' Wits are kept in pondrous Vases,
And Beaus' in *Snuff-boxes* and *Tweezer-Cases*.
There broken Vows, and Death-bed Alms are found,
And Lovers' Hearts with Ends of Riband bound;
The Courtier's Promises, and Sick Man's Pray'rs,
The Smiles of Harlots, and the Tears of Heirs,
Cages for Gnats, and Chains to Yoak a Flea;
Dry'd Butterflies, and Tomes of Casuistry.
  But trust the Muse — she saw it upward rise,
Tho' mark'd by none but quick Poetic Eyes:
(So *Rome*'s great Founder to the Heav'ns withdrew,
To *Proculus* alone confess'd in view.)
A sudden Star, it shot thro' liquid Air,
And drew behind a radiant *Trail of Hair*.
Not *Berenice*'s Locks first rose so bright,
The Heav'ns bespangling with dishevel'd Light.
The *Sylphs* behold it kindling as it flies,
And pleas'd pursue its Progress thro' the Skies.
  This the *Beau-monde* shall from the *Mall* survey,
And hail with Musick its propitious Ray.

Non credere, la morte non abbatte il mio spirito altero;
tutto quel che temo, è lasciarti indietro!
Invece, ch'io viva ancora,
e bruci tra le fiamme di Cupido, — ma bruci vivo.
Rendi il ricciolo! essa grida; e tutt'attorno
Rendi il ricciolo! i soffitti a volte echeggiano.
Non fiero Otello in così alti accenti
ruggì per il fazzoletto causa del suo dolore.
Ma ecco, spesso gli ambiziosi propositi sono frustrati,
e i capi litigano finché ogni premio è perso!
Il ricciolo, vinto con colpa, e tenuto con pena,
è ovunque cercato, ma cercato invano:
di tal premio nessun mortale goda,
così il cielo decreta! al cielo chi s'oppone?
Alcuni lo ritennero asceso alla sfera lunare,
poiché tutte le cose smarrite sulla terra, sono ivi in custodia.
Qui gli intelletti degli eroi sono tenuti in ponderosi vasi,
e quelli dei *Beaux* in tabacchiere e astucci.
Ivi si trovano giuramenti rotti, elemosine dell'ultimo minuto,
cuori di amanti ricuciti con fili di frange;
promesse di cortigiano, e preghiere di malato,
sorrisi di puttane, e lagrime di eredi,
gabbie per zanzare, e catene per aggiogare pulci;
farfalle secche, e tomi di casistica.
Ma fidatevi della Musa — essa lo vide ascendere,
benché seguito solo da acuti occhi poetici:
(così il grande fondatore di Roma ai cieli si ritrasse,
a Procolo solo rivelato alla vista).
Una subitanea stella sfrecciò per l'aria limpida
e trascinava una radiante coda di capelli.
Neanche i riccioli di Berenice sorsero primamente sì lucenti,
i cieli cospargendo di scapigliata luce.
I Silfi la vedono fiammeggiare mentre è in volo,
e lieti seguono il suo corso per i cieli.
Lei il *Beau-monde* osserverà dal *Mall*,
e saluterà in musica il suo propizio raggio.

This, the blest Lover shall for *Venus* take,
And send up Vows from *Rosamonda*'s Lake.
This *Partridge* soon shall view in cloudless Skies,
When next he looks thro' *Galilæo*'s Eyes;
And hence th' Egregious Wizard shall foredoom
The Fate of *Louis*, and the Fall of *Rome*.
Then cease, bright Nymph! to mourn thy ravish'd Hair
Which adds new Glory to the shining Sphere!
Not all the Tresses that fair Head can boast
Shall draw such Envy as the Lock you lost.
For, after all the Murders of your Eye,
When, after Millions slain, your self shall die;
When those fair Suns shall sett, as sett they must,
And all those Tresses shall be laid in Dust;
This Lock, the Muse shall consecrate to Fame,
And mid'st the Stars inscribe *Belinda*'s Name!

Lei l'amante felice scambierà per Venere,
e innalzerà preci dal lago di *Rosamonda*.
E Partridge con lo sguardo di Galileo scrutando,
lei tosto discoprirà nei cieli sgombri;
e donde l'egregio mago farà previsioni
sul fato di *Louis*, e sulla caduta di *Roma*.
Allora cessa, splendida ninfa! il pianto sul rapito ricciolo
che nuova gloria accresce alla lucente sfera!
Non tutte le ciocche, vanto della bella chioma,
attireranno tanta invidia quanto il boccolo perso.
Dopo tutti gli assassinii del tuo occhio,
dopo milioni di morti, quando tu stessa morrai;
quando i bei soli tramonteranno, che tramontare debbono,
e tutte le ciocche poseranno in polvere;
questo ricciolo, la Musa consacrerà alla Fama,
e tra le stelle inscriverà di Belinda il nome!

NOTE AL TESTO

Abbreviazioni usate:

Aeneid, *Georgics*= le opere virgiliane tradotte da Dryden, nella terza edizione in tre volumi, 1709, posseduta da Pope.

Iliad, *Odissey*= nella traduzione di Pope.

OED = *Oxford English Dictionary.*

Conti = il commento alla sua traduzione del *Rape*, 1756.

Tillotson = l'edizione del *Rape* curata da G. Tillotson.

CANTO I

vv. 1-12 Il poemetto eroicomico imita del poema epico anche le modalità dell'inizio: protasi, in cui è annunciato l'argomento, dedica, invocazione alle muse. Per Caryll e Belinda si veda « Vita di Pope », p. 8.

v. 5 Cfr. *Georgics*, IV, vv. 6-7: « Slight is the Subject, but the Praise not small, / If Heav'n assist, and Phoebus hear my Call » (« Esile è l'argomento, ma non così la lode, se il cielo mi assiste e Febo ascolta il mio appello »).

vv. 11-12 Cfr. *Iliad*, V, v. 999: « Whose little Body lodg'd a mighty Mind » (« Il cui piccolo corpo alloggiava una mente potente ») e si veda anche J. Gay, *Rural Sports* (1713), I, v. 90: « And in the little bulk a mighty soul appears » (« E in piccolo volume un'anima potente appare »). Il poemetto di evidente ispirazione virgiliana era dedicato a Pope.

v. 18 L'orologio a ripetizione, inventato da D. Quare (1648-1724), suonava l'ora e i quarti se si premeva una piccola molla nel retro della cassa. Anche nel *Lutrin*, IV, v. 1 le campane esibivano « leurs voix argentines ». Il poemetto di Boileau era stato tradotto in inglese da John Ozell nel 1708, ristampato nel '12 e, in ediz. separata e illustrata dal Du Guernier, nel '14.

v. 20 Il silfo segnala l'aggiunta della macchina epica nella versione 1714, già descritta da Pope nella dedica a Arabella Fermor.

vv. 20-114 L'apparizione in sogno che predice all'eroe eventi futuri è episodio ricorrente dell'epica. Si veda anche in apertura della *Secchia Rapita* e del *Lutrin*.

v. 23 *Birth-night Beau* un giovane, bello, elegante, con indosso un abito eccezionalmente ricco, come si usava a corte per celebrare i compleanni regali.

v. 27 Cfr. il precedente omerico « distinguish'd Care », *Iliad*, I, v. 229 e V, v. 1079, *Odissey*, III, v. 481.

v. 28 Gay a W. Fortescue (5 ottobre 1713): « ...sono costretto a esprimermi in termini poetici, ricorrendo a Boileau, a dire "Faire la Guerre aux habitans de l'air"» (*The Letters of J. Gay*, a cura di C. F. Burgess, 1966, p. 4).

v. 32 Le monetine d'argento donate dalle fate e il cerchio d'erba più verde che qualche volta misteriosamente appare nei prati, sono motivi del folclore popolare, mescolati a quello religioso, l'annunciazione alla vergine Maria.

vv. 37-38 Ariele cita Matteo, XI, 25.

vv. 41-42 Cfr. Miscellanea di Pope (1717) «I see protecting Myriads round thee fly, / And all the bright Militia of the sky» («Vedo aleggiarti attorno per proteggerti miriadi, e tutta la splendente milizia del cielo»).

v. 44 Cfr. S. Garth, *The Dispensary* (1699), VI: «How lately did this celebrated Thing / Blaze in the Box, and sparkle in the Ring» («Quanto ultimamente questo celebrato oggetto brillò nel palco, quanto scintillò nel Ring»). Il palco a teatro e la passeggiata alla moda — il Ring a Hyde Park — erano i luoghi preferiti dalle belle donne.

v. 46 *Chair* sta per *sedan chair*.

v. 55 Cfr. *Aeneid*, VI, vv. 890-91: «The love of Horses which they had, alive, / And care of the Chariots after Death survive» («L'amore per i cavalli che essi ebbero, da vivi, e la cura per i cocchi dopo la morte sopravvivono»). *Ombre* è un gioco di carte d'origine spagnola che nel Seicento si diffuse anche in Inghilterra. Il termine spagnolo *hombre* (uomo) indicava il principale giocatore che sfidava alternativamente gli altri due. Si veda canto III, vv. 25 sgg., nota p. 117.

v. 62 *Tea* si pronunciava 'tei'.

v. 66 Cfr. *Aeneid*, I, v. 196: «the Fields of Air».

vv. 69-70 I silfi come gli angeli di Milton (*Paradise Lost*, I, vv. 423-24) possono assumere il sesso che vogliono o entrambi.

v. 72 *masquerade* letteralmente ballo in maschera.

v. 73 *Spark* secondo il dottor Johnson (*Dictionary*, 1755) era detto in senso spregiativo d'un giovanotto eccessivamente allegro e spavaldo.

vv. 77-78 Cfr. Dryden, *The Hind and the Panther* (1687), III, vv. 823-24: «Immortal pow'rs the term of conscience know, / But int'rest is her name below» («Le potenze immortali conoscono il termine coscienza, ma interesse è il suo nome presso gli uomini quaggiù»).

v. 84 Cfr. Gay, *The Fan*, I, v. 232: «How to adjust the Manteau's sweeping train?». I rapporti tra il *Rape* del 1714 e *The Fan*, poemetto eroicomico in distici eroici che narra l'invenzione del ventaglio, sono alquanto complessi. In una lettera a W.

Fortescue, cit., pp. 109-10, n. 28, Gay annuncia d'aver finito il suo poemetto e include i vv. 229-44 del primo libro. Pope era al corrente del lavoro del suo amico fin dagli inizi (agosto 1713) e lo lesse prima della pubblicazione. Il giorno in cui *The Fan* uscì, 8 dicembre 1713, Pope scriveva a Swift d'aver terminato la seconda versione del *Rape*. Tillotson, nel suo copioso commento al *Rape*, ignora il problema della evidente interrelazione fra i due testi, discusso anche in V. Papetti, *J. Gay o dell'eroicomico*, Storia e Letteratura, 1971, pp. 26-32. Vinton A. Dearing che ha curato l'edizione critica definitiva delle opere di Gay (*Poetry and Prose*, Clarendon Press, 1974, 2 voll.) raccoglie numerosi dati da cui si può arguire la quasi contemporaneità di stesura dei due poemetti, con un leggero anticipo di Gay sulla pubblicazione e nessuna prova che questi abbia dato uno sguardo al manoscritto di Pope. Rimane allora un dubbio: è probabile che Pope abbia migliorato i versi dell'amico, ma anche che ne abbia tratto l'idea per l'episodio della toletta, aggiunto nell'edizione 1714.

v. 85 *Garters* si riferisce all'ordine della Giarrettiera. Annota il Conti: « Essendo caduto un legame da una gamba ad una favorita d'un re d'Inghilterra, egli ne istituì l'ordine della giarrettiera, ch'è un nastro azzurro portato da' cavalieri al collo; in mezzo al petto una stella ricamata ed inclusa in un cerchio o corona ».

v. 89 *bidden blush* « rossor comandato » secondo il Conti, ma significa anche rossore ottenuto col rossetto.

v. 96 *treat* Cfr. W. Congreve, *Love for Love* (1695), I, 1: « I told you what your expenses would bring you to;... your treats and balls » (« Vi ho detto come vi ridurranno le vostre spese;... i trattenimenti e i balli »).

vv. 97-98 *Florio... Damon* nomi tipici della poesia galante.

v. 100 *Toyshop* negozio di chincaglierie, di bric-à-brac. Cfr. « The Guardian », n. 106, 1713: « Volsi uno sguardo al suo seno e sembrava tutto cristallo, e così straordinariamente trasparente che vidi nel suo cuore ogni pensiero. Le prime immagini che scorsi furono ventagli, sete, nastri, lacci e tante altre cianfrusaglie ammucchiate le une sulle altre, di modo che il cuore altro non era che un negozio di chincaglierie. Queste impallidirono e svanirono, quando all'improvviso vidi una lunga fila di carrozze, equipaggi e livree che correvano a gran velocità, l'una dietro l'altra ».

v. 101 Cfr. *Iliad*, IV, vv. 508-9: « Now Shield with Shield, with Helmet Helmet clos'd, / To Armour Armour, Lance to Lance oppos'd » (« Ora scudo con scudo, elmo con elmo cozzò, ad armatura armatura, lancia a lancia s'oppose»). Letteralmente *sword-knots* sono i nastri annodati all'elsa della spada.

v. 106 Per la storia del nome di Ariel si veda la *Tempest* shakespeariana nell'ediz. Furness, 1897, pp. 6 sgg.

v. 107 Cfr. le orazioni di Uriel e Gabriel nel *Paradise Lost*, IV, vv. 561 sgg.

v. 110 *Ere* forma antiquata per *before*.

v. 115 *Shock* o *shough* è anche nome comune per un tipo di cane da salotto d'origine islandese. Gay scrisse un'elegia per la morte del cagnetto Shock (*An Elegy on a Lap-dog*, 1720).

vv. 120 sgg. Cfr. *The Fan*, I, vv. 235-38: «But stay, presumptuous Muse, nor boldly dare, / The Toilette's sacred Mysteries declare; / Let a just Distance be to Beauty paid, / None here must enter but the trusty Maid» («Ma presuntuosa Musa, non osare arditamente dichiarare i sacri misteri della Toletta; una giusta distanza sia offerta alla bellezza, nessuno qui entri se non la fidata ancella»).

v. 122 Cfr. W. Davenant, *Gondibert* (1651), II, 17, v. 2 «Of Flowers, which she in mistick order ties» («Di fiori, che lei in misterioso ordine lega»).

vv. 125-27 L'immagine celestiale che appare allo specchio è Belinda stessa. La sacerdotessa minore è la cameriera.

vv. 129-36 Cfr. *The Fan*, III, vv. 153-60: «The Fan shall flutter in all Female Hands, / And various Fashions learn from various Lands. / For this, shall Elephants their Iv'ry shed; / And polish'd Sticks the waving Engine spread: / His clouded Mail the Tortoise shall resign, / And round the Rivet pearly Circle shine» («Il ventaglio palpiterà in tutte le mani femminili, e varie mode apprenderà da varii paesi. Per lui, gli elefanti offriranno il loro avorio; e l'ondeggiante macchina dispiegherà le tornite assicelle: la maculata corazza la tartaruga cederà, e attorno al rivetto splenderanno cerchi perlacei»).

v. 134 L'Arabia è proverbialmente la patria dei profumi.

vv. 137-38 Cfr. *The Fan*, III, vv. 127-30: «There stands the Toilette, Nursery of Charms, / Compleatly furnish'd with bright Beauty's Arms; / The Patch, the Powder-Box, Pulville, Perfumes, / Pins, Paint, a flatt'ring Glass, and Black-lead Combs» («Ivi sorge la Toletta, fucina d'incanti, completamente rifornita delle armi della splendida bellezza; neo, scatola della cipria, polviglio, profumi, spilli, crema, specchio adulatore, e pettini di grafite»). I pettini di grafite servivano a scurire i capelli. Per un'ulteriore discussione del v. 138 si veda Tillotson, Appendix F, pp. 401-403. Annota il Conti: «Le dame in Inghilterra ed in Francia leggono spesso il Nuovo ed Antico Testamento tradotto nelle lor lingue, ciò non è lecito farsi in Italia».

v. 144 Cfr. *The Fan*, II, v. 78: «And imitates the Lightning of her Eyes» («E imita il lampo dei suoi occhi»).

v. 145 Pope maliziosamente annota: «Antiche tradizioni rabbiniche raccontano che alcuni angeli caduti s'innamorarono di donne e menzionano in particolare: Asaele che giacque con Naamah, moglie di Noè o di Cam, e ancora non pentito, presiede alla toletta delle donne. Bereshit Rabba in *Genesis*, 6, 2».

vv. 145-48 Cfr. *The Fan*, I, vv. 217-26: «So Love with fatal Airs the Nymph supplies, /Her Dress disposes, and directs her Eyes. / The Bosom now its panting Beauty shows, / Th'experienc'd Eye resistless Glances throws; / Now vary'd Patches wander o'er the Face, / And strike each Gazer with a borrow'd Grace; / The fickle Head-dress sinks and now aspires, / A tow'ry Front of Lace on branching Wires: / The curling Hair in tortur'd Ringlets flows, / Or round the Face in labour'd Order grows» («Così Amore d'arie fatali fornisce la ninfa, aggiusta la veste, indirizza lo sguardo. Il seno ora mostra la sua ansimante bellezza, l'occhio esperto getta sguardi irresistibili; ora nèi variati vagano sul volto, e colpiscono l'osservatore con grazia imprestata. La volubile acconciatura ora scende ora sale, un torreggiante diadema di nastri su ramificati ferri: la chioma arricciata fluisce in torturati ricciolini, o attorno alla faccia in complicato ordine s'espande»).

v. 148 Cfr. *Iliad*, II, v. 160: «And Troy prevails by Armies not her own» («E Troia vince con armi non sue»). Betty è la cameriera di Belinda, si veda p. 51, n. 2.

CANTO II

v. 4 Cfr. Dryden, *MacFlecknoe* (1682) v. 38: «When thou on silver Thames did'st cut thy way» («Quando sull'argenteo Tamigi ti apristi la strada»).

vv. 7-8 Cfr. *The Fan*, I, vv. 117-18: «Here an unfinish'd Di'mond Crosslet lay; / To which soft Lovers Adoration pay» («Qui poggiava un'imperfetta crocetta di diamanti che i dolci amanti adorano»). In questo caso Gay aveva probabilmente in mente il distico di Pope che compariva già nell'ediz. 1712 del *Rape* e sotto il ritratto di Arabella Fermor, eseguito da Sykes verso il 1715.

v. 14 La divinità di Belinda è già espressa nel versetto di Matteo, V, 45: « Il Padre vostro che è nei cieli, il quale fa sorgere il sole sopra malvagi e buoni, e piovere su giusti e ingiusti ».

v. 19 Cfr. Dryden, *The Conquest of Granada* (1670), I, 3, 1: « You bane, and soft destruction of mankind » (« Tu sventura, e dolce distruzione dell'umanità »).

v. 27 *Georgics*, III, v. 377: « Not only Man's Imperial Race » (« Non solamente la razza imperiale dell'uomo ») ed anche *Essay on Man*, I, v. 209.

v. 28 Cfr. *Rural Sports*, v. 210: « While all thy hope hangs on a single hair » (« Mentre tutta la tua speranza è appesa a un solo capello »).

vv. 32-34 *By Force... or by Fraud* antitesi assai frequente nell'epica.

vv. 35 sgg. Cerimonie di propiziazione sono episodi comuni dei poemi epici. *Phoebus* Febo, il sole.

v. 38 I romanzi francesi erano particolarmente adatti perché narravano lunghissime quanto improbabili storie d'amore. Famosi anche in Inghilterra erano quelli di La Calprenède, Honoré d'Urfé, Madeleine de Scudéry.

vv. 43-44 Cfr. *Aeneid*, XI, vv. 1144-45: « Him, the fierce Maid beheld with ardent Eyes; / Fond and Ambitious of so Rich a Prize ». (« Lui, la fiera donzella contempla con occhi ardenti; vaga e orgogliosa di sì ricca preda »).

vv. 45-46 Pope annota: 'Virg. Aen. 11', vv. 1165-66: « Apollo heard, and granting half his Pray'r, / Shuffled in Winds the rest, and toss'd in empty Air » (« Apollo ascoltò, e esaudendo metà della preghiera, il resto scompigliò al vento e gettò nell'aria vuota »).

vv. 49-50 Cfr. *Windsor Forest*, v. 268: « I hear soft music die along the grove » (« Sento una dolce musica spirare lungo il boschetto »).

vv. 53-54 Cfr. *Iliad*, X, vv. 3-4: « All but the King; with various Thoughts opprest, / His country's Cares lay rowling in his Breast; » (« Tutti eccetto il re; da vari pensieri oppresso, gli affanni per il suo paese gli tumultuavano in petto »).

v. 64 La ragnatela tessuta in autunno da un tipo particolare di ragno si credeva anticamente che fosse rugiada bruciata dal sole. Si veda Tillotson, p. 163, n. 64 e W. Hazlitt che cita Spenser, *supra* p. 33.

v. 65 Nel *Comte de Gabalis* i silfi sono rivestiti di colori diversi. Si veda anche l'introduzione p. 24, n. 23.

v. 78 Nel dramma di Dryden, *King Arthur* (1691), II, uno

spirito dell'aria Philadel annuncia: « In hope of that, I spread my Azure Wings... I bask in Day-Light » (« Con questa speranza, dispiego le mie ali azzurre... mi scaldo alla luce del giorno »). Si veda anche *Rural Sports* I, v. 174.

v. 80 Cfr. *Iliad*, I, v. 671: « Who rolls the Thunder o'er the vaulted Skies » (« Chi rotola il tuono sulla volta dei cieli »).

v. 100 *Furbelow* il bordo piegato d'un abito o d'una gonna. Per il Conti è un ornamento di frange.

v. 105 *Diana's law* la legge di Diana, dea della castità.

v. 106 *China* la porcellana, originaria della Cina, ma anche la verginità femminile, con metafora assai frequente nella poesia e nel teatro dell'epoca.

v. 113 *Drops* gli orecchini di brillanti, « a goccia ».

v. 115 *Crispissa* il nome le viene dal verbo « to crisp ».

v. 116 Più volte si insinua l'importanza del cagnolino per la dama. Si veda D. Posner, *Watteau: A lady at her Toilet*, 1973, cap. 6.

vv. 117 sgg. Pope fa la parodia del topos più famoso dell'epica, la descrizione dello scudo di Achille. Ma la versione al femminile era già stata fatta da Addison, « The Spectator », n. 127, 1711: « È certissimo che l'onore d'una donna non potrebbe essere meglio difeso, cerchio nel cerchio, fra tante varietà di fortificazioni interne e di cinte murarie ».

v. 119 Cfr. Shakespeare, *Antony and Cleopatra,* IV, 14, vv. 38-40: « Off, pluck off, / The seven-fold shield of Ajax cannot keep / The battery from my heart » (« Togli, togli, il settemplice scudo di Aiace non potrebbe stornare l'assalto dato al mio cuore »).

vv. 123 sgg Giove aveva minacciato gli dei disobbedienti di gettarli nell'oscuro Tartaro o di bruciarli incatenati, così i minuscoli e delicati silfi saranno suppliziati in proporzione.

v. 128 *bodkin* in questo caso letteralmente 'passanastro', ma anche 'pugnale' per Belinda (V, v. 88), 'lancia' per i silfi (V, v. 55) e 'ornamento' per la chioma (IV, v. 95).

v. 133 Issione era condannato da Giove a star legato a una ruota in perpetuo movimento.

v. 134 Il macinino del caffè, che riduce i grani in polvere.

v. 136 Cfr. la traduzione di Dryden dell'epistola di Ovidio, « Ariadne to Theseus », (1680) « Fix'd to some Rock, as if I there did grow, / And trembling at the Waves which roul below » (« Fissata a una roccia, come se lì fossi cresciuta, e tremante per le onde che muggiscono di sotto »).

v. 138 I silfi si dispongono come gli angeli di Milton: « ... in

Orbes / Of circuit inexpressible they stood, / Orb within Orb» (*Paradise Lost*, V, vv. 594-96), («In cerchi di indescrivibili circuiti stavano, cerchio nel cerchio»).

v. 142 Cfr. *Iliad*, IV, vv. 111-12: «The Gods (they cry'd) the Gods this signal sent, / And Fate now labours with some vast Event». («Gli dei — gridarono — gli dei ci mandarono questo segnale, e il Fato ora prepara un grande evento»).

CANTO III

vv. 1-4 Cfr. la descrizione di Cartagine dalle alte torri, già parodiata da Dryden, *MacFlecknoe*, vv. 64-67: «Close to those Walls which fair Augusta bind, / (The fair Augusta much to fears inclin'd) / An ancient fabrick raised t'inform the sight, / There stood of yore, and Barbican it hight». («Vicino le mura che racchiudono Augusta la bella, — la bella Augusta molto incline ai timori — un'antica fabbrica innalzata per ispirare la vista, sorgeva da gran tempo, ed era detta Barbicane»).

v. 4 *Hampton Court* la ben nota residenza regale presso il Tamigi, dove s'incontravano uomini politici e bel mondo.

v. 7 Secondo Tillotson si allude a Gran Bretagna, Francia (sulla quale la corona d'Inghilterra avanzava vecchie pretese), Irlanda, ma forse, più modestamente, a Scozia, Inghilterra e Galles. La grande Anna, celebrata per la sua generosità, fu regina dal 1702 al 1714.

v. 11 Cfr. *Aeneid*, VI, v. 720: «While thus, in talk, the flying Hours they pass» («Mentre così, conversando, le ore fuggenti passano»).

vv. 19-20 Cfr. *Odyssey*, XVII, vv. 687-88: «Till now declining tow'rd the close of day, / The sun obliquely shot his dewy ray» («Finché ora declinando verso la fine della giornata, il sole obliquamente dardeggiò l'umido raggio») e ancora Ambrose Philips, *Pastorals* (1709), vv. 7-8 «The Sun, now mounted to the Noon of Day, / Began to shoot direct his burning Ray» («Il sole, ora asceso al mezzogiorno, cominciò a scoccare il suo raggio ardente»). Al tempo di Pope si cenava verso le quattro del pomeriggio.

vv. 21-23 Per questi effetti improvvisi di realismo, si veda *The Dispensary*, II, «...The City Saints to Pray'rs and Playhouse haste: The Rich to Dinner, and the Poor to Rest» («...i puritani della City si affrettano alle preghiere e al teatro: i ricchi a cena e i poveri al riposo»). *Exchange* è la Borsa nella City,

« ampio cortile... ove i mercanti fanno il loro commercio », secondo il Conti.

v. 24 Cfr. *Aeneid*, VII, v. 171: « And the long Labours of your voyage end » (« E i lunghi travagli del vostro viaggio terminano »).

vv. 25-100 L'intero brano fu pubblicato separatamente, *Description of the Game at Ombre...* in *A Miscellaneous Collection of Poems*, 1721. Le regole del gioco furono descritte da R. Seymour in *The Court Gamester*, 1719, e *The Compleat Gamester*, 1734. Fu aggiunto nell'edizione 1714 del *Rape*.

I tre giocatori ricevono ciascuno nove carte — Pope descrive il tipo di Rouen, a figura intera — e Belinda, soddisfatta delle sue, si dichiara *ombre* (*hombre*, uomo). Ha il diritto di sfidare i due avversari e di stabilire quale seme sarà briscola (o trionfo). L'inizio le è favorevole, poiché ha in mano le carte più alte: i *Matadores* (specie di *Jokers*), *Spadillio* (l'asso di picche), *Manillio* (il due di briscola), *Basto* (l'asso di fiori) e il re di briscola. La vittoria sembra vicina, ma il Barone vince tre mani con la regina di picche. Rimane una sola mano che Belinda deve vincere se non vuole essere dichiarata *Codille* e condannata a pagare l'intera posta. Ma il Barone non riesce a battere il suo re di cuori e Belinda vince la partita. *Pam*, il fante di fiori, la carta più alta al gioco di Loo (o Lu), è in mano al terzo giocatore. Per maggiori particolari si veda Tillotson, Appendix C, pp. 383-92 e G. Galigani, *Il « Rape of the Lock » del Pope: quattro voci di un contrappunto*, Giardini Editori, 1976, pp. 108-10.

La descrizione del gioco ricorda il famoso episodio delle api nelle *Georgics*, IV, vv. 96-101: « Inflam'd with ire, and trembling with disdain, / Scarce can their limbs their mighty souls contain. / With shouts the cowards' courage they excite; / And martial clangors call'em out to fight; / With hoarse alarms the hollow camp rebounds, / That imitates the trumpet's angry sounds » (« Infiammate d'ira, e tremanti di sdegno, a malapena le loro membra contengono le anime possenti. Con grida eccitano il coraggio delle codarde; e clangori marziali le chiamano alla pugna; di rauchi allarmi risuona il cavo campo, che imitano gli irosi suoni della tromba »).

v. 30 Il nove era considerato di particolare valore poiché risulta da un numero perfetto (tre) moltiplicato per se stesso.

v. 35 Cfr. *Aeneid*, V, v. 46 « And not unmindful of his ancient Race » (« Non immemore della sua antica gente »).

v. 46 Cfr. *Genesis*, I, 3 « And God said, 'Let there be light': and there was light » (« E Dio disse, 'Che la luce sia', e la luce fu »).

v. 56 Cfr. *Mac Flecknoe*, I, v. 106 «The hoary Prince in Majesty appear'd» («Il canuto principe in maestà appare»).

v. 86 Cfr. *Iliad*, XVI, v. 511: «In Heaps on Heaps» e *Odissey*, II, v. 322: «... one hour o'erwhelms them all!».

v. 92 Cfr. *Aeneid*, VI, v. 384: «Just in the Gate, and in the Jaws of Hell» («Proprio alla porta, e nelle fauci della morte»).

vv. 99-100 Cfr. *Aeneid*, XII, vv. 1344-45: «With Groans the Latins rend the vaulted Sky: / Woods, Hills, and Valleys, to the Voice reply» («Con lamenti i Latini lacerano la volta del cielo: boschi, colline e valli alla voce rispondono»).

vv. 101-2 Cfr. *Aeneid*, X, vv. 698-99: «O Mortals! blind in Fate, who never know / To bear high Fortune, or endure the low!» («O mortali ciechi al Fato, che mai sanno godere della buona fortuna, o sopportare l'avversa!») Anche Patroclo, quando chiede a Achille di combattere, è «blind to Fate» (*Iliad*, XVI, v. 64).

v. 106 Descrive la tostatura e la macinatura del caffè.

v. 107 *Altars of Japan* tavoli laccati.

v. 108 Il Conti annota: «Apparato inglese per il caffè».

v. 110 *China's Earth* tazza di porcellana. Dall'Oriente si importava soprattutto seta, porcellana, oggetti laccati e tè.

vv. 117-18 *Coffee-houses* le botteghe del caffè erano luoghi di ritrovo della Londra settecentesca. La loro atmosfera è descritta in molti saggi del *Tatler* e dello *Spectator*.

vv. 122-24 Pope annota: «Vide Ovid. Metam. 8». Scilla, figlia di Niso, re di Megara, aveva strappato a suo padre il capello purpureo dal quale dipendeva la salvezza del re e del suo regno, allo scopo di conquistare Minosse, di cui era innamorata. Ma questi, sdegnato dalla sua empietà, la respinse, e Scilla fu trasformata in uccello. Le edizioni 1714-15 del *Rape* recavano come motto l'ultimo verso di questa storia: «A tonso est hoc nomen adepta capillo». Della traduzione drydeniana di Ovidio, Pope recepisce «injur'd» e «the purple Hair is dearly paid».

v. 128 *shining Case* l'astuccio per le forbicine e altri piccoli oggetti era diventato un complemento indispensabile dell'abbigliamento femminile.

v. 132 Cfr. *Aeneid* V, v. 544: «And poiz'd the pond'rous Engins in his hands» («E soppesò in mano le pesanti macchine»).

v. 147 *Forfex* latino per forbice.

v. 149 Il cavallo di legno è chiamato «the fatal Engine», *Aeneid*, II, v. 345.

v. 152 Pope rimanda al *Paradise Lost*, VI, vv. 330-31:

«... but th' Ethereal substance clos'd / Not long divisible» («... ma l'eterea sostanza si chiuse, non più divisibile»).

v. 158 Cfr. G. Farquhar, *Sir Harry Wildair* (1701), I, 1: «Shall I tell you, the Character I have heard of a fine Lady? A fine Lady can laugh at the Death of her Husband, and cry for the loss of a Lapdog...» («Vuoi che ti racconti quel che ho sentito dire del carattere d'una donna di mondo? Una donna di mondo può ridere alla morte del marito e piangere per la perdita del cagnolino...»).

v. 165 *Atalantis* si tratta del famoso romanzo scandalistico della signora Manley, *Secret Memoirs and Manners of several Persons of Quality, of Both Sexes. From the New Atalantis, an Island in the Mediterranean* (1709).

v. 166 Nota del Conti: «Le dame inglesi amano molto ornare i loro letti di piccioli origlieri e ne' gabinetti d'accendere quantità di lumi la notte».

vv. 167-68 Per il rituale delle visite, si veda il «Tatler», n. 262, 1710.

vv. 171 sgg. Cfr. il verso di Catullo sul ricciolo di Berenice: «quid facient crines, cum ferro talia cedant?» (*De Coma Berenices*, LXVI, 47).

v. 173 *the labour of the gods* le mura di Troia, costruite dagli dei, Apollo e Poseidone.

v. 178 Cfr. *Iliad*, V, v. 777: «Urg'd by the Force of unresisted Fate» («Premuto dalla forza del Fato irresistibile» e XXI, vv. 672-73: «Yet sure He too is mortal; He may feel / (Like all the Sons of Earth) the Force of Steel» («Eppur sicuramente anch'egli è mortale; può sentire — come tutti i figli della terra — la forza dell'acciaio»).

CANTO IV

vv. 1-2 Cfr. *Aeneid*, IV, vv. 1-2 «But anxious Cares already seiz'd the Queen: / She fed within her Veins a Flame unseen» («Ma ansiose cure già opprimevano la regina: ella sentiva nelle vene una fiamma nascosta»).

v. 8 Cfr. J. Gay, «On Dress», «The Guardian», n. 149, 1713: «lei era furiosa quando la cameriera le appuntava male il suo *mantua*». La grafia poteva variare anche in *mantoe* e indicava un abito femminile con strascico, di linea ampia e aperto davanti.

vv. 13 sgg. *Spleen*. Altri nomi erano *melancholy*, *vapours*.

Si riteneva che dalla milza si riversasse nel sangue un'eccedenza di bile, da cui il carattere detto bilioso, ipocondriaco, splenetico, melanconico, pigro, irritabile, solitario.

v. 20 Il vento di levante era considerato a Londra foriero di *spleen*.

v. 21 *Grotto* corruzione dell'italiano « grotta ». Nella villa di Twickenham, Pope aveva ricavato una grotta da un sottopassaggio che metteva in comunicazione le due parti del giardino, attraversato da una strada. La decorò con minerali, rocce, una lampada d'alabastro, conchiglie e ne era particolarmente orgoglioso. Lady Mary Wortley Montagu scrisse invece che era maleodorante, rumorosa, e le pietre ornamentali erano di poco prezzo. Cfr. *Essays and Poems*, a cura di R. Halsband - I. Grundy, Oxford 1977, p. 247.

v. 30 *Lampoons* libelli satirici, personali o politici.

v. 33 Cfr. « Spectator », n. 23, 1711, un saggio sull'affettazione soprattutto maschile.

vv. 35-38 La moda di ricevere visite a letto era ancora diffusa nella società elegante.

vv. 40-42 Pope scriveva a Lady Mary Wortley Montagu il 3 febbraio 1717: « Sono di nuovo pazzo; e mi sembra di imitare, nel mio delirio, i sogni degli entusiasti e dei solitari malinconici, che s'innamorano dei santi, e s'immaginano d'essere in simpatia a angeli e spiriti, che essi non possono né vedere, né toccare ».

v. 46 Si riferisce alle macchine teatrali usate soprattutto nelle pantomime per far scendere gli dei e gli angeli dal cielo. Cfr. *The Necromancer; or, Harlequin Doctor Faustus* (1724): « ... angels in Machines and pale Spectres ».

vv. 47-54 Si riteneva che i melanconici deliranti pensassero a se stessi come a oggetti fragili, vasi, tazze, bicchieri, ecc. Si veda R. Burton, *Anatomy of Melancholy* (1621), I, 3, 3.

v. 51 Pope rimanda ai « walking tripods » di Vulcano, *Iliade*, XVIII, vv. 439 sgg. *Pipkin* è definito dal dottor Johnson un piccolo contenitore di coccio.

vv. 52-3 Si allude a persone reali.

v. 54 L'immagine risale per lo meno a Lucrezio, *De rerum natura*, III, vv. 1008 sgg., è ripresa anche dai drammaturghi elisabettiani.

v. 56 *Spleenwort* si pensava che l'asplenio curasse la melanconia. Qui si allude anche al ramoscello d'oro di Enea che scende nell'Ade.

vv. 57 sgg. L'orazione è modellata su quella di Niso alla luna (*Aeneid*, IX, vv. 404 sgg.) di Sidrac a Chicane (*Lutrin*, V, vv. 63 sgg.) e di Horoscope a Disease (*Dispensary*, p. 37).

v. 58 *the Sex* le donne.

vv. 59-62 Altro luogo comune sulla malinconia, di tradizione aristotelica, era che si accompagnasse alla creatività.

v. 69 *Citron-Waters* un tipo di brandy profumato con buccia di limone.

v. 71 Il mago Faust faceva spuntare le corna sulla testa dei suoi nemici, sia nel *Doctor Faustus* (1594) di Marlowe (IV, 1 e 3) che nella celebre pantomima settecentesca, *The Necromancer; or, Harlequin Doctor Faustus*, cit.

v. 82 Nel libro X dell'*Odissea* (vv. 195 sgg.) Eolo consegna a Ulisse un otre pieno di venti.

v. 89 *Thalestris* il nome della regina delle amazzoni è attribuito a una certa signora Morley. Si veda Tillotson, Appendix A, p. 376.

v. 90 Cfr. *Aeneid*, III, v. 92: « With Eyes dejected, and with Hair unbound » (« Con gli occhi bassi, e la chioma sciolta »).

vv. 99 sgg. Si usavano striscioline di piombo per fermare la carta attorno alla quale venivano avvolti i riccioli.

v. 109 Il Conti traduce arditamente « tosto » e annota: « ... è un brindisi fatto ad una delle belle dame di Londra. Al fin della mensa si portano de' bicchieri, ne' quali col diamante sono segnati i nomi di queste, ed ognuno, prendendo quel della dama che più gli piace, *tosta* a lei ». [Corsivo dell'autore.]

vv. 112-16 Talestre immagina che il ricciolo di Belinda sarà incastonato in un anello.

v. 117 L'erba crebbe nel Ring, probabilmente, solo nel periodo della peste.

v. 118 *in the sound of Bow* fin dove giunge il suono delle campane di St. Mary le Bow, ossia nella City, che era già abitata esclusivamente da borghesi.

v. 119 *Sir Plume* ossia Sir George Brown. Si veda Introduzione, pp. 8-9.

v. 124 La canna o bastone da passeggio con venature più o meno scure, secondo il dottor Johnson. (*Dictionary*, sotto la voce *to cloud*). Cfr. *The Fan*, I, v. 125 « Here clouded Canes 'midst heaps of Toys are found » (« Qui maculati bastoni, tra mucchi di cianfrusaglie si trovano »), e anche Swift, *Strephon and Chloe* (1734) e il « Tatler », n. 103, 1709.

vv. 133 sgg. Pope annota che si tratta di allusione al giuramento di Achille, *Iliad*, I, v. 309: « Now by this sceptre, hear me swear, / Which never more shall Leaves or Blossoms wear, / Which sever'd from the Trunk (as I from Thee) / On the bare Mountains left its Parent Tree » (« Ora su questo scettro, ascolta il mio giuramento, che separato dal tronco — come io da te — sulle montagne spoglie lasciò l'albero paterno »).

v. 135 *Honours* Cfr. *Aeneid*, X, v. 172: « And shook the sacred Honours of his Head » (« e scosse i sacri onori della testa »). Allude alla divina chioma di Giove.

v. 140 *long-contended* il corpo di Patroclo è « long-contended » (*Iliad*, XVIII, v. 274) e così pure Penelope (*Odissey*, XX, v. 400).

v. 145 Nell'edizione 1712 seguiva un verso: « Now livid pale her Cheeks, now glowing red » (« Le sue guance ora di livido pallore, ora rosse splendenti »), poi tolto per evitare il *triplet* (tre versi rimati).

vv. 147 sgg. L'orazione è modellata sul lamento di Achille per Patroclo (*Iliad*, XVIII, vv. 107 sgg.).

v. 156 *Bohea* un tipo scelto di tè scuro.

v. 164 *Poll* il pappagallo.

v. 169 *sable* Arabella Fermor era di capelli castani.

v. 171 *Sister-Lock* Cfr. Catullo sul ricciolo di Berenice: « abiunctae paulo ante comae mea fata sorores/lugebant... » cit., vv. 51-52.

v. 174 Cfr. *Aeneid*, II, v. 546: « In safety cou'd protect from sacrilegious Hands » (« In salvo poté proteggerli da mani sacrileghe »).

vv. 175-76 Nell'edizione 1712 i due versi erano attribuiti a Talestre. In una lettera a Charles Ford (6 luglio 1714), Gay commenta: « A Bingfield vi sono belle ombre, la signora Fermor non abita molto distante; fate visita a Pope e a Parnell, e mentre loro sono occupati nella loro campagna di Grecia [allusione alla traduzione di Omero *N.d.T.*] fate come ha fatto Enea prima di voi, incontrate la vostra Venere nel bosco, lui la riconobbe dai riccioli e così potete fare anche voi — ma poiché siete uomo d'onore e pudico — non pensate a riccioli meno in vista o a altri riccioli se non questi ». (*Letters*, cit. p. 11).

CANTO V

v. 2 Cfr. *Aeneid*, IV, v. 637: « Fate, and the God, had stop'd his Ears to Love » (« Il Fato e il dio avevano chiuso le sue orecchie all'amore »).

vv. 5-6 Allusione all'episodio di Didone che rimprovera appassionatamente il troiano Enea, sul punto di lasciare Cartagine (*Aeneid*, IV, vv. 362 sgg.). Anna è la sorella di Didone.

v. 7 *Clarissa* Pope annota: « Un nuovo personaggio è introdotto nelle successive edizioni per rendere più esplicita la morale del poema, parodiando l'orazione di Sarpedonte a Glauco... ». Prima dell'ed. 1717, Clarissa aveva l'unica funzione di consegnare le forbici al Barone. Nel 1709 Pope aveva pubblicato la sua prima versione dell'episodio di Sarpedonte che faceva parte del XII libro dell'*Iliade*, a cui stava lavorando proprio nel '17.

vv. 13 sgg. Cfr. « The Toilette » di Gay, stampata per la prima volta nei *Court Poems* (1716), datata 1706: « Nor shall sideboxes watch my restless eyes. / And as they catch the glance in rows arise / With humble bows; nor white-glov'd Beaus encroach / In crouds behind, to guard me to my coach ». (« Né i palchi laterali seguiranno i miei occhi irrequieti, e catturandone lo sguardo, in file s'alzeranno con umili inchini; né i beaux biancoguantati s'accosteranno a frotte per scortarmi fino alla carrozza »). Nei teatri inglesi del primo Settecento, le signore sedevano nei palchi centrali, i gentiluomini in quelli laterali e i borghesi generalmente in platea. Si veda anche « The Guardian », n. 29, 1713.

v. 20 *small-pox* il vaiolo era ancora una malattia mortale e nei casi meno gravi lasciava il volto sfigurato.

v. 35 Pope annota: « È un verso frequente in Omero, dopo un discorso: "So spoke — and all the Heroes applauded" » (« Così disse e tutti gli eroi applaudirono »).

v. 37 *virago* amazzone guerriera.

v. 40 Cfr. « Spectator », n. 102, 1711: « Come gli uomini sono armati di spade, così le donne sono armate di ventagli, e qualche volta eseguono un maggior numero di condanne a morte ».

vv. 45 sgg. Pope ricorda la battaglia degli dei, *Iliad*, XX, vv. 91 sgg.

v. 47 L'opposizione di nomi propri è un'altra figura dell'epica. Latona è la madre di Apollo e Diana.

v. 53 Pope annota: « Alla stessa maniera Minerva, durante la battaglia di Ulisse con i Proci nell'*Odissea*, sta a guardare dall'alto di una trave ». *Sconce* un candelabro che sporge dal muro.

v. 55 Cfr. *Aeneid*, X, vv. 850-51: « As Storme the Skies, and Torrents tear the Ground, / Thus rag'd the Prince, and scatter'd Deaths around » (« Come i cieli suscitano tempeste, e i torrenti spaccano il suolo, così l'irato principe spargeva attorno a sé la morte »).

v. 59 *Witling* diminuitivo di *wit*. Pope aveva deriso « half-learn'd Witlings » nell'*Essay on Criticism*, v. 40.

vv. 60 sgg. Il duca di Buckingham nel suo *Essay on Poetry*

aveva criticato l'inverosimiglianza dei personaggi drammatici: « They sigh in Simile, and die in Rhime ». (« Sospirano in paragoni, e muoiono in rima »).

v. 61 Cfr. W. Shakespeare, *Richard III*, I, 2, v. 153: « They kill me with a living death » (« Mi uccidono con una morte in vita »).

v. 62 Dapperwit è anche il personaggio della commedia di Wycherley, *Love in a Wood* (1671).

v. 63 Sir Fopling è anche il protagonista della commedia di Etherege, *The Man of Mode, or Sir Fopling Flutter* (1676).

v. 64 Sono le parole di un'aria di *Camilla*, l'opera di M.A. Buononcini, rappresentata in Inghilterra nel 1706.

v. 65 Pope annota: « Ov. Ep. Sic ubi fata vocant, udis abjectus in herbis, / Ad vada Mæandri concinit albus olor » (« Così, se il fato chiama, solo nella palude, ai guadi del Meandro il bianco cigno canta ») *Eroidi*, VII, vv. 3-4. Il Meandro è un fiume molto tortuoso dell'Asia Minore.

vv. 71 sgg. Pope annota: « Vid. Omero *Il.* 8, Virg. *Aen.* 12 », ma il riferimento è anche all'*Iliade*, XVI, vv. 783 sgg.; XXII, vv. 271 sgg.) e al *Paradise Lost*, IV, vv. 996 sgg.

vv. 89 sgg. Pope annota: « Ad imitazione della storia dello scettro di Agamennone in Omero, *Il.* 2 » [vv. 129 sgg.]. Cfr. anche la poesia di Etherege, « A Second Letter to Lord Middleton », *Poems* a cura di J. Thorpe, Princeton 1963, p. 48.

vv. 102-3 Cfr. Dryden, « Alexander's Feast » (1697), vv. 35-36: « A present Deity, They shout around: / A present Deity, the vaulted roofs rebound » (« Una divinità presente, gridano in giro: una divinità presente i soffitti a volte echeggiano »).

vv. 105-6 Dell'*Othello* shakespeariano il Rymer aveva scritto che si poteva anche intitolare « La Tragedia del Fazzoletto ».

vv. 113 sgg. Pope annota: « Vid. Ariosto, canto 34 » [stanza 68 sgg.]. L'*Orlando Furioso* era stato tradotto in inglese da Harington (1634).

v. 122 I « virtuosi » e le loro collezioni di storia naturale erano spesso oggetto di satira. I tomi di casistica si riferiscono alle minute regole di condotta, ponderosamente discusse, dalla pubblicistica religiosa controriformista.

v. 125 Romolo, rapito in cielo, era apparso a Procolo (Tito Livio, I, XVI).

v. 127 *liquid* Cfr. *Aeneid*, III, v. 571 « liquid Air ».

v. 129 Berenice, moglie di Tolomeo III, offrì la sua chioma agli dei perché suo marito tornasse salvo dalla guerra. Secondo la leggenda la chioma fu assunta in cielo e divenne una costellazione. Della *Chioma di Berenice* di Callimaco si conservano dei frammenti e la traduzione di Catullo, carme 66.

v. 133 *the Mall* sentiero recintato aperto da Carlo II nel parco di St. James, che divenne, come il Ring, una passeggiata elegante.

v. 136 *Rosamonda's Lake* Conti annota: « Rosamonda era la favorita d'un re d'Inghilterra, che le fabbricò una casa nel Parco, ove vi resta ancora un delizioso laghetto, sulle sponde del quale si prende il fresco la sera ».

v. 137 Pope annota: « John Partridge era un ridicolo astronomo, che ogni anno nel suo almanacco non mancava mai di predire la caduta del Papa e del re di Francia ». Swift lo ha immortalato col nome di Isaac Bickerstaff in una serie di libelli satirici.

v. 138 Galileo aveva perfezionato il telescopio.

SOMMARIO